线装国学经典

资治通鉴

第四册

〔北宋〕司马光 著
李楠 编译

后唐纪

庄宗光圣神闵孝皇帝上②

同光元年③ 春，二月，晋王下教置百官，于四镇判官中选前朝士族，④欲以为相。河东节度判官卢质为之首，质固辞，请以义武节度判官豆卢革、河东观察判官卢程为之；王即召革、程拜行台左、右丞相，⑤以质为礼部尚书。

梁主遣兵部侍郎崔协等册命吴越王镠为吴越国王。⑥丁卯，镠始建国，仪卫名称多如天子之制，谓所居曰宫殿，府署曰朝廷，教令下统内曰制敕，将吏皆称臣，惟不改元，表疏称吴越国而不言军。以清海节度使兼侍中传瓘为镇海、镇东留后，总军府事。置百官，有丞相、侍郎、郎中、员外郎、客省等使。⑦

李继韬虽受晋王命为安义留后，终不自安，幕僚魏琢、牙将申蒙复从而间之曰：『晋朝无人，终为梁所并耳。』会晋王置百官，三月，召监军张居翰、节度判官任圜赴魏州，琢、蒙复说继韬曰：『王急召二人，情可知矣。』继韬弟继远亦劝继韬自托于梁，继韬乃使继远诣大梁，请以泽潞为梁臣。⑧梁主大喜，更命安义军曰匡义，以继韬为节度使、同平章事。继韬以二子为质。

安义旧将裴约戍泽州，泣谕其众曰：『余事故使逾二纪，⑨见其分财享士，志灭仇雠。不幸捐馆，⑩柩犹未葬，而郎君遽背君亲，吾宁死不能从也！』遂据州自守。梁主以其骁将董璋为泽州刺史，将兵攻之。

继韬散财募士，尧山人郭威往应募。⑪威使气杀人，系狱，继韬惜其才勇而逸之。

契丹寇幽州，晋王问帅于郭崇韬，崇韬荐横海节度使李存审。时存审卧病，己卯，徙存审为卢龙节度使，舆疾赴镇，以蕃汉马步副总管李嗣源领横海节度使。

晋王筑坛于魏州牙城之南，夏，四月，己巳，升坛，祭告上帝，遂即皇帝位，国号大唐，大赦，改元。⑫尊母晋国太夫人曹氏为皇太后，嫡母秦国夫人刘氏为皇太妃。以豆卢革为门下侍郎，卢程为中书侍郎，并同平章事；郭崇韬、张居翰为枢密使，卢质、冯道为翰林学士，张宪为工部侍郎、租庸使，又以义武掌书记李德休为御史中丞。德休，绛之孙也。⑬

诏卢程诣晋阳册太后、太妃。初，太妃无子，性贤，不妒忌；太后为武皇侍姬，⑭太妃常劝武皇善待之，太后亦自谦退，由是相得甚欢。及受册，太妃诣太后宫贺，有喜色，太后忸怩不自安。太妃曰：『愿吾儿享国久长，吾辈获没于地，园陵有主，余何足言！』因相向歔欷。⑮

豆卢革、卢程皆轻浅无它能，上以其衣冠之绪，霸府元僚，故用之。

初，李绍宏为中门使，郭崇韬副之。至是，自幽州召还，崇韬恶其旧人位在己上，乃荐张居翰为枢密使，⑯以绍宏为宣徽使，⑰绍宏由是恨之。居翰和谨畏事，军国机政皆崇韬掌之。支度务使孔谦自谓才能勤效，应为租庸使；众议以谦人微地寒，不当遽总重任，故崇韬荐张宪，以谦副之，谦亦不悦。

以魏州为兴唐府，建东京。又于太原府建西京，又以镇州为真定府，建北都。以魏博节度判官王正言为礼部尚书，行兴唐尹；⑱太原马步都虞候孟知祥为太原尹，充西京副留守；⑲潞州观察判官任圜为工部尚书，兼真定尹，充北京副留守；皇子继岌为北都留守、兴圣宫使，判六军诸卫事。时唐国所有凡十三节度、五十州。

闰月，追尊皇曾祖执宜曰懿祖昭烈皇帝，祖国昌曰献祖文皇帝，考晋王曰太祖武皇帝。立宗庙于晋阳，以高祖、太宗、懿宗、昭宗洎懿祖以下为七室。

【注释】

①后唐：晋王李克用出生于西突厥处月别部，以朱邪为姓，自其祖父归唐、父亲李赤心有功于唐之后，遂赐姓李，编于属籍。李存勖嗣封，即帝位后，自以为是继承和恢复唐朝的天下，故国号仍称大唐。为有别于建都长安的李唐王朝，史称李存勖所建唐朝为后唐。②庄宗：后唐开国皇帝李存勖的庙号。李存勖（公元885～926年），晋王李克用长子，公元923～926年在位。后梁龙德三年（公元923年）称帝，同年攻灭后梁。同光三年（公元926年）因兵变被杀。③同光：后梁龙德三年（公元923年）四月改元。④四镇：它们是河东、魏博、易定、镇冀。⑤行台：此处为晋王在魏州所设行使中央职能的机构。⑥梁主：指梁末帝朱友贞。⑦客省等使句：丞相为中央政府百官之长，侍郎为各台省的长官之副，郎中为尚书诸曹司的长官，员外郎为诸曹司的次官。客省使掌四方及外国贡率，下有副使。⑧泽、潞：即安义军所辖的泽州、潞州。泽州今山西晋城，潞州今山西长治。⑨故使：指李继韬之父李嗣昭。二纪：十二年为一纪，二纪共二十四年。⑩捐馆：指舍弃所居之屋舍，为死亡之婉称。⑪郭威：五代后周王朝的建立者。公元951～954年在位。今河北隆尧人。⑫牙城：主帅所居的第三重小城。改元：即改唐朝天刊年号为同光，在此之前晋王一直用唐朝年号。⑬绛：即李绛，今河北赞皇人，字深之。贞元间进士，宪宗朝以直言敢谏称誉一时。⑭武皇：

指李存勖之父、已故晋王李克用。同年李克用被追尊为太祖武皇帝，故称。⑮歔欷：叹气抽咽之声。⑯枢密使：官名。掌军国要政。⑰宣徽使：官名。掌郊祀朝会供帐等。⑱行：任官称谓。官阶高而兼任低职称行。⑲充：任官称谓。充任、担任官职之意，有时指以本官兼任它职。

甲午，契丹寇幽州，至易定而还。时契丹屡入寇，钞掠馈运，幽州食不支半年，卫州为梁所取，潞州内叛，人情岌岌，①以为梁未可取，帝患之。会郓州将卢顺密来奔。先是，梁天平节度使戴思远屯杨村，留顺密与巡检使刘遂严、都指挥使燕颙守郓州。顺密言于帝曰：『郓州守兵不满千人，遂严、颙皆失众心，可袭取也。』郭崇韬等皆以为『悬军远袭，万一不利，虚弃数千人，顺密不可从。』帝密召李嗣源于帐中谋之曰：『梁人志在吞泽潞，不备东方，若得东平，②则溃其心腹。东平果可取乎？』嗣源自胡柳有渡河之惭，③常欲立奇功以补过，对曰：『今用兵岁久，生民疲弊，苟非出奇取胜，大功何由可成！臣愿独当此役，必有以报。』帝悦。壬寅，遣嗣源将所部精兵五千自德胜趣郓州。比及杨刘，日已暮，阴雨道黑，将士皆不欲进，高行周曰：『此天赞我也，彼必无备。』夜，渡河至城下，郓人不知，李从珂先登，杀守卒，启关纳外兵，进攻牙城，城中大扰。癸卯旦，嗣源兵尽入，遂拔牙城，刘遂严、燕颙奔大梁。嗣源禁焚掠，抚吏民，执知州事节度副使崔僇、判官赵凤送兴唐。④帝大喜曰：『总管真奇才，吾事集矣。』即以嗣源为天平节度使。

梁主闻郓州失守，大惧，斩刘遂严、燕颙于市，罢戴思远招讨使，降授宣化留后，遣使诘让北面诸将段凝、王彦章等，趣令进战。敬翔知梁室已危，以绳内靴中，入见梁主曰：『先帝取天下，⑤不以臣为不肖，所谋无不用。今敌势益强，而陛下弃忽臣言。臣身无用，不如死！』引绳将自经。梁主止之，问所欲言，翔曰：『事急矣，非用王彦章为大将，不可救也。』梁主从之，以彦章代思远为北面招讨使，仍以段凝为副。

帝闻之，自将亲军屯澶州，命蕃汉马步都虞候朱守殷守德胜，戒之曰：『王铁枪勇决，乘⑥愤激之气，必来唐突，宜谨备之。』守殷，王幼时所役苍头也。⑦

又遣使遗吴王书，⑧告以已克郓州，请同举兵击梁。五月，使者至吴，徐温欲持两端，将舟师循海而北，助其胜者。严可求曰：『若梁人邀我登陆为援，何以拒之？』温乃止。

梁主召问王彦章以破敌之期，彦章对曰：『三日。』左右皆失笑。彦章出，两日，驰至滑州。辛酉，置酒大会，阴遣人具舟于杨村；夜，命甲士六百，皆持巨斧，载冶者，具鞴炭，⑨乘流而下。会饮尚未散，彦章阳起更衣，引精兵数千循河南岸趋德胜。天微雨，朱安殷不为备，舟中兵举锁烧断之，因以巨斧斩浮桥，而彦章引兵急击南城。浮桥断，南城遂破，斩首数千级。时受命适三日矣。守殷以小舟载甲士济河救之，不及。彦章进攻潘张、麻家口、景店诸寨，皆拔之，声势大振。

帝遣宦者焦彦宾急趣杨刘，与镇使李周固守，命守殷弃德胜北城，撤屋为筏，载兵械浮河东下，助杨刘守备，徙其刍粮薪炭于澶州，⑩所耗失殆半。王彦章亦撤南城屋材浮河而下，各行一岸，每遇湾曲，辄于中流交斗，飞矢雨集，或全舟覆没，一日百战，互有胜负。比及杨刘，殆亡士卒之半。己巳，王彦章、段凝以十万之众攻杨刘，百道俱进，昼夜不息，连巨舰九艘，横亘河津以绝援兵。城垂陷者数四，赖李周悉力拒之，与士卒同甘苦，彦章不能克，退屯城南，⑪为连营以守之。

【注释】

①岌岌：很危险的样子。②东平：地名。今山东东平西北。③渡河之嘶：指后梁贞明四年（公元918年）李嗣源在李存勖进攻濮阳之际引兵北渡黄河、脱离战场的耻辱。④知州事：官名。暂时职掌一州事务的官职。⑤先帝：指后梁太祖朱温。⑥王铁枪：后梁王彦章的绰号。⑦苍头：奴仆。⑧遗：交付、给予。⑨鞴：吹炭火所用的鼓风皮囊。⑩刍粮：刍为马料，粮为军粮。⑪城南：指杨刘城南。

杨刘告急于帝，请日行百里以赴之；帝引兵救之，曰：『李周在内，何忧！』日行六十里，不废畋猎，六月，乙亥，至杨刘。梁兵堑垒重复，严不可入，帝患之，问计于郭崇韬，对曰：『今彦章据守津要，意谓可以坐取东平；苟大军不南，则东平不守矣。臣请筑垒于博州东岸以固河津，既得以应接东平，又可以分贼兵势。但虑彦章诇知，①径来薄我，城不能就，愿陛下募敢死之士，日令挑战以缀之，②苟彦章旬日不东，则城成矣。』时李嗣源守郓州，河北声问不通，人心渐离，不保朝夕。会梁右先锋指挥使康延孝密请降于嗣源，延孝者，太原胡人，有罪，亡奔梁，时隶段凝麾下。嗣源遣押牙临漳范延光送延孝蜡书诣帝，延光因言于帝曰：『杨刘控扼已固，梁人必不能取，请筑垒马家口以通郓州之路。』帝从之，遣崇韬将万人夜发，倍道趣博州，至马家口渡河，筑城昼夜不息。帝在杨刘，与梁人昼夜苦战。崇韬筑新城凡六日，王彦章闻之，将兵数万人驰至，戊子，急攻新城，③连巨舰十余艘于中流以绝援路。时板筑仅毕，城犹卑下，沙土疏恶，未有楼橹及守备；④崇韬慰劳士卒，以身先之，四面拒战，遣间使告急于帝。帝自杨刘引大军救之，陈于新城西岸，城中望之增气，大呼叱梁军，梁人断绁敛舰；帝舣舟将渡，⑤彦章解围，退保邹家口。郓州奏报始通。

李嗣源密表请正朱守殷覆军之罪，帝不从。

秋，七月，丁未，帝引兵循河而南，彦章等弃邹家口，复趣杨刘。甲寅，游弈将李绍兴败梁游兵于清丘驿南。⑥段凝以为唐兵已自上流渡，惊骇失色，面数彦章，尤其深入。⑦

乙卯，蜀侍中魏王宗侃卒。

戊午，帝遣骑将李绍荣直抵梁营，擒其斥候，⑧梁人益恐，又以火筏焚其连舰。王彦章等闻帝引兵已至邹家口，己未，解杨刘围，走保杨村；唐兵追击之，复屯德胜。梁兵前后急攻诸城，士卒遭矢石、溺水、暍死者且万人，⑨委弃资粮、铠仗、锅幕，动以千计。杨刘比至围解，城中无食已三日矣。

王彦章疾赵、张乱政，及为招讨使，谓所亲曰：『待我成功还，当尽诛奸臣以谢天下！』赵、张闻之，私相谓曰：『我辈宁死于沙陀，⑩不可为彦章所杀。』相与协力倾之。段凝素疾彦章之能而谄附赵、张，在军中与彦章动相违戾，百方沮桡之，⑪惟恐其有功，潜伺彦章过失以闻于梁主。每捷奏至，赵、张悉归功于凝，由是彦章功竟无成。及归杨村，梁主信谗，犹恐彦章旦夕成功难制，征还大梁。使将兵会董璋攻泽州。

甲子，帝至杨刘劳李周曰：『微卿善守，吾事败矣。』

中书侍郎、同平章事卢程以私事干兴唐府，府吏不能应，鞭吏背。光禄卿兼兴唐少尹任团，圜之弟，帝之从姊婿也，诣程诉之。程骂曰：『公何等虫豸，⑫欲倚妇力邪！』团诉于帝。帝怒曰：『朕误相此痴物，乃敢辱吾九卿！』欲赐自尽；卢质力救之，乃贬右庶子。

裴约遣间使告急于帝，帝曰：『吾兄不幸，乃生枭獍，⑬裴约独能知逆顺。』顾谓北京内牙马步军都指挥使李绍斌曰：『泽州弹丸之地，朕无所用，卿为我取裴约以来。』八月，壬申，绍斌将甲士五千救之，未至，城已陷，约死。

帝深惜之。

甲戌，帝自杨刘还兴唐。

梁主命于滑州决河，东注曹、濮及郓以限唐兵。⑭

初，梁主遣段凝监大军于河上，敬翔、李振屡请罢之，梁主曰：『凝未有过。』振曰：『俟其有过，则社稷危矣。』至是，凝厚赂赵、张求为招讨使，翔、振力争以为不可；赵、张主之，竟代王彦章为北面招讨使，于是宿将愤怒，士卒亦不服，天下兵马副元帅张宗奭言于梁主曰：『臣为副元帅，虽衰朽，犹足为陛下扞御北方。⑮段凝晚进，功名未能服人，众议汹汹，⑯恐贻国家深忧。』敬翔曰：『将帅系国安危，今国势已尔，陛下岂可尚不留意邪！』梁主皆不听。

戊子，凝将全军五万营于王村，自高陵津济河，剽掠澶州诸县，至于顿丘。

梁主又命王彦章将保銮骑士及它兵合万人，屯兖、郓之境，谋复郓州，以张汉杰监其军。

【注释】

①诇：侦察。②缀：牵制。③新城：指新建之城。④楼橹：古代的一种军事设施，即军中用以瞭望敌军的无顶盖高台。⑤舣舟：将船泊岸边。⑥游弈将：官名。负责巡逻的下级军官，一般指水军。⑦尤：责怪、归咎。⑧斥候：放哨的士兵。⑨暍：中暑，伤于暴热。⑩沙陀：指后唐，因后唐帝先祖出于西突厥，曾居沙陀碛，故称。⑪沮桡：削弱和挫败。⑫虫豸：指无足的昆虫。⑬枭獍：比喻不孝或忘恩负义的人。⑭曹、濮及郓：指位于五丈河流域的曹州、黄河之滨的濮州、济水之岸的郓州，此三州均在大梁的东北部。⑮扞御：抵御。⑯汹汹：喧扰不安的样子。

庚寅，帝引兵屯朝城。①

戊戌，康延孝帅百余骑来奔，帝解所御锦袍玉带赐之，以为南面招讨都指挥使，领博州刺史。帝屏人问延孝以梁事，对曰：『梁朝地不为狭，兵不为少；然迹其行事，终必败亡。何则？主既暗懦，赵、张兄弟擅权，内结宫掖，外纳货赂，官之高下唯视赂之多少，不择才德，不校勋劳。段凝智勇俱无，一旦居王彦章、霍彦威之右，②自将兵以来，专率敛行伍以奉权贵。梁主每出一军，不能专任将帅，常以近臣监之，进止可否动为所制。近又闻欲数道出兵，令董璋引陕虢、泽潞之兵自石会关趣太原，③霍彦威以汝、洛之兵自相卫、邢洺寇镇定，王彦章、张汉杰以禁军攻郓州，段凝、杜晏球以大军当陛下，决以十月大举。臣窃观梁兵聚则不少，分则不多。愿陛下养勇蓄力以待其分兵，帅精骑五千自郓州直抵大梁，擒其伪主，旬月之间，天下定矣。』帝大悦。

蜀主以文思殿大学士韩昭、内皇城使潘在迎、武勇军使顾在珣为狎客，陪侍游宴，与宫女杂坐，或为艳歌相唱和，④或谈嘲谑浪，鄙俚亵慢，无所不至，蜀主乐之。在珣，彦朗之子也。

时枢密使宋光嗣等专断国家，恣为威虐，务徇蜀主之欲以盗其权。宰相王锴、庾传素等各保宠禄，无敢规正。潘在迎每劝蜀主诛谏者，无使谤国。嘉州司马刘赞献陈后主三阁图，⑤并作歌以讽；贤良方正蒲禹卿对策语极切直；蜀主虽不罪，亦不能用也。九月，庚戌，蜀主以重阳宴近臣于宣华苑，⑥酒酣，嘉王宗寿乘间极言社稷将危，流涕不已。韩昭、潘在迎曰：『嘉王好酒悲。』⑦因谐笑而罢。

帝在朝城，梁段凝进至临河之南，澶西、相南，日有寇掠。自德胜失利以来，丧刍粮数百万，租庸副使孔谦暴敛以供军，民多流亡，租税益少，仓廪之积不支半岁。泽潞未下。卢文进、王郁引契丹屡过瀛、涿之南，传闻俟草枯冰合，深入为寇。又闻梁人欲大举数道入寇，帝深以为忧，召诸将会议。宣徽使李绍宏等皆以为郓州城门之外皆为寇境，孤远难守，有之不如无之，请以易卫州及黎阳于梁，⑧与之约和，以河为境，休兵息民，俟财力稍集，更图后举。帝不悦，曰：『如此吾无葬地矣。』乃罢诸将，独召郭崇韬问之。对曰：『陛下不栉沐，⑨不解甲，十五余年，其志欲以雪家国之仇耻也。今已正尊号，河北士庶日望升平，始得郓州尺寸之地，不能守而弃之，安能尽有中原乎！臣恐将士解体，将来食尽众散，虽画河为境，谁为陛下守之！臣尝细询康延孝以河南之事，度已料彼，日夜思之，成败之机决在今岁。梁今悉以精兵授段凝，据我南鄙，又决河自固，谓我猝不能渡，恃此不复为备。使王彦章侵逼郓州，其意冀有奸人动摇，变生于内耳。段凝本非将材，不能临机决策，无足可畏。降者皆言大梁无兵，陛下若留兵守魏，固保杨刘，自以精兵与郓州合势，长驱入汴，彼城中既空虚，必望风自溃。苟伪主授首，⑩则诸将自降矣。不然，今秋谷不登，军粮将尽，若非陛下决志，大功何由可成！谚曰：「当道筑室，三年不成。」⑪帝王应运，必有天命，在陛下勿疑耳。』帝曰：『此正合朕志。丈夫得则为王，失则为虏，吾行决矣！』司天奏：『今岁天道不利，深入必无功。』帝不听。

王彦章引兵逾汶水，将攻郓州，李嗣源遣李从珂将骑兵逆战，败其前锋于递坊镇，获将士三百人，斩首二百级，彦章退保中都。戊辰，捷奏至朝城，帝大喜，谓郭崇韬曰：『郓州告捷，足壮吾气！』己巳，命将士悉遣其家归兴唐。

冬，十月，辛未朔，日有食之。

【注释】

①朝城：县名。今山东莘县西南。②一旦：忽然，一时间。③石会关：今山西太谷南昌源河上游。④艳歌：描写有关爱情的歌词，也常有淫秽下流的内容。⑤陈后主（公元553～604年）：即陈叔宝。南朝陈皇帝。公元583～587年在位。字元秀。在位时生活奢侈，游宴不已，不理政事。祯明三年（公元589年）隋兵入建康，被俘，后在洛阳病死。⑥重阳：节日名。农历九月九日，古人以九为阳数，九月而又九日，故称重阳。⑦酒悲：指容易酒后伤感。⑧卫州及黎阳：此两地为后梁在黄河以北仅有的地盘，如同后唐在黄河以南仅有郓州一样，都是对方的心腹之患。⑨不栉沐：栉为梳头，沐为流理。比喻为了大志放弃起码的生活必需的行为。⑩授首：指投降或被杀。⑪当道筑室，三年不成：在人来人往的大路旁建房子，三年都建不成。比喻人多嘴杂，众议过多，一事无成。

帝遣魏国夫人刘氏、皇子继岌归兴唐，与之诀曰：『事之成败，在此一决。若其不济，当聚吾家于魏宫而焚之！』仍命豆卢革、李绍宏、张宪、王正言同守东京。①

壬申，帝以大军自杨刘济河，癸酉，至郓州，中夜，进军逾汶，以李嗣源为前锋，甲戌旦，遇梁兵，一战败之，追至中都，围其城。城无守备，少顷，梁兵溃围出，追击，破之。王彦章以数十骑走，龙武大将军李绍奇单骑追之，识其声，曰：『王铁枪也！』拔矟刺之，②彦章重伤，马踬，③遂擒之，并擒都监张汉杰、曹州刺史李知节、裨将赵廷隐、刘嗣彬等二百余人，斩首数千级。廷隐，开封人；嗣彬，知俊之族子也。

彦章尝谓人曰：『李亚子斗鸡小儿，何足畏！』④至是，帝谓彦章曰：『尔常谓我小儿，今日服未？』又问：『尔名善将，何不守兖州？中都无壁垒，何以自固？』彦章对曰：『天命已去，无足言者。』帝惜彦章之材，欲用之，赐药傅其创，屡遣人诱谕之。彦章曰：『余本匹夫，蒙梁恩，位至上将，与皇帝交战十五年；今兵败力穷，死自其分，纵皇帝怜而生我，我何面目见天下之人乎！岂有朝为梁将，暮为唐臣！此我所不为也。』帝复遣李嗣源自往谕之，彦章卧谓嗣源曰：『汝非邈佶烈乎？』⑤彦章素轻嗣源，故以小名呼之。于是诸将称贺，帝举酒属李嗣源曰：『今日之功，公与崇韬之力也。曏从绍宏辈语，大事去矣。』帝又谓诸将曰：『曏所患惟王彦章，今已就擒，是天意灭梁也。段凝犹在河上，进退之计，宜何向而可？』诸将以为：『传者虽云大梁无备，未知虚实。今东方诸镇兵皆在段凝麾下，所余空城耳，以陛下天威临之，无不下者。若先广地，东傅于海，⑥然后观衅而动，可以万全。』康延孝固请亟取大梁。李嗣源曰：『兵贵神速。今彦章就擒，段凝必未之知；就使有人走告，疑信之间尚须三日。设若知吾所向，即发救兵，直路则阻决河，须自白马南渡，数万之众，舟楫亦难猝办。此去大梁至近，前无山险，方陈横行，昼夜兼程，信宿可至。⑦段凝未离河上，友贞已为吾擒矣。延孝之言是也，请陛下以大军徐进，臣愿以千骑前驱。』帝从之。令下，诸军皆踊跃愿行。

是夕，嗣源帅前军倍道趣大梁。乙亥，帝发中都，舁王彦章自随，⑧遣中使问彦章曰：⑨『吾此行克乎？』对曰：『段凝有精兵六万，虽主将非材，亦未肯遽尔倒戈，殆难克也。』帝知其终不为用，遂斩之。

丁丑，至曹州，梁守将降。

王彦章败卒有先至大梁，告梁主以『彦章就擒，唐军长驱且至』者，梁主聚族哭曰：『运祚尽矣！』召群臣问策，皆莫能对。梁主谓敬翔曰：『朕居常忽卿所言，以至于此。今事急矣，卿勿以为怼。⑩将若之何？』翔泣曰：『臣受先帝厚恩，殆将三纪，⑪名为宰相，其实朱氏老奴，事陛下如郎君。臣前后献言，莫匪尽忠。陛下初用段凝，臣极言不可，小人朋比，⑫致有今日。今唐兵且至，段凝限于水北，⑬不能赴救。臣欲请陛下出居避狄，陛下必不听从；欲请陛下出奇合战，陛下必不果决。虽使良、平更生，谁能为陛下计者！臣愿先赐死，不忍见宗庙之亡也。』因与梁主相向恸哭。

梁主遣张汉伦驰骑追段凝军。汉伦至滑州，坠马伤足，复限水不能进。时城中尚有控鹤军数千，⑭朱珪请帅之出战。梁主不从，命开封尹王瓒驱市人乘城为备。

初，梁陕州节度使邵王友诲，全昱之子也，性颖悟，人心多向之。或言其诱致禁军欲为乱，梁主召还，与其兄友谅、友能并幽于别第。⑮及唐师将至，梁主疑诸兄弟乘危谋乱，并皇弟贺王友雍、建王友徽尽杀之。

【注释】

①东京：即魏州。②矟：长矛，又作槊。③踬：被绊倒。④李亚子：李存勖小号。⑤邈佶烈：李嗣源的小名。

此处为蔑称，仍视其为旧时雁门夷狄之人。⑥东傅于海：傅，通『附』，靠近、到达。⑦信宿：连宿两夜。⑧舁：抬、扛。⑨中使：皇帝的私人使者，因其出自宫中，故称。⑩怼：怨恨。⑪三纪：纪为古代的纪年单位，十二年为一纪。三纪为三十六年。⑫小人朋比：小人们结党营私，指赵岩、张汉杰之流。⑬限于水：指本年八月梁主下令在滑州所决黄河之水，本为阻止唐军，却成了梁军回师的障碍。⑭控鹤军：皇帝的禁卫军，掌管宫门警卫等事，常在皇帝左右。⑮别第：官僚豪门正宅之外的宅邸。

梁主登建国楼，①面择亲信厚赐之，使衣野服，赍蜡诏，②促段凝军，既辞，皆亡匿。或请幸洛阳，收集诸军以拒唐，唐虽得都城，势不能久留。或请幸段凝军，控鹤都指挥使皇甫麟曰：『凝本非将材，官由幸进，今危窘之际，望其临机制胜，转败为功，难矣。且凝闻彦章军败，其胆已破，安知能终为陛下尽节乎！』赵岩曰：『事势如此，一下此楼，谁心可保！』梁主乃止。复召宰相谋之，郑珏请自怀传国宝诈降以纾国难，③梁主曰：『今日固不敢爱宝，但如卿此策，竟可了否？』珏俯首久之，曰：『但恐未了。』左右皆缩颈而笑。梁主日夜涕泣，不知所为；置传国宝于卧内，忽失之，已为左右窃之迎唐军矣。

戊寅，或告唐军已过曹州，尘埃涨天，赵岩谓从者曰：『吾待温许州厚，④必不负我。』遂奔许州。

梁主谓皇甫麟曰：『李氏吾世仇，理难降首，不可俟彼刀锯。吾不能自裁，卿可断吾首。』麟泣曰：『臣为陛下挥剑死唐军则可矣，不敢奉此诏。』梁主曰：『卿欲卖我邪？』麟欲自刭，梁主持之曰：『与卿俱死！』麟遂弑梁主，因自杀。梁主为人温恭俭约，无荒淫之失；但宠信赵、张，使擅威福，疏弃敬、李旧臣，不用其言，以至于亡。

己卯旦，李嗣源军至大梁，攻封丘门，⑤王瓒开门出降，嗣源入城，抚安军民。是日，帝入自梁门，⑥百官迎谒于马首，拜伏请罪，帝慰劳之，使各复其位。李嗣源迎贺，帝喜不自胜，手引嗣源衣，以头触之曰：『吾有天下，卿父子之功也，天下与尔共之。』帝命访求梁主，顷之，或以其首献。

李振谓敬翔曰：『有诏洗涤吾辈，相与朝新君乎？』翔曰：『吾二人为梁宰相，君昏不能谏，国亡不能救，新君若问，将何辞以对！』是夕未曙，或报翔曰：『崇政李太保已入朝矣。』⑦翔叹曰：『李振谬为丈夫！朱氏与新君世为仇雠，今国亡君死，纵新君不诛，何面目入建国门乎！』乃缢而死。

庚辰，梁百官复待罪于朝堂，帝宣敕赦之。

赵岩至许州，温昭图迎谒归第，斩首来献，尽没岩所赍之货。昭图复名韬。

辛巳，诏王瓒收朱友贞尸，殡于佛寺，漆其首，函之，藏于太社。⑧

段凝自滑州济河入援，以诸军排陈使杜晏球为前锋；至封丘，⑨遇李从珂，晏球先降。壬午，凝将其众五万至封丘，亦解甲请降。凝帅诸大将先诣阙待罪，帝劳赐之，慰谕士卒，使各复其所。凝出入公卿间，扬扬自得无愧色，梁之旧臣见者皆欲龁其面，⑩抉其心。

丙戌，诏贬梁中书侍郎、同平章事郑珏为莱州司户，萧顷为登州司户，翰林学士刘岳为均州司马，任赞为房州司马，姚觊为复州司马，封翘为唐州司马，李怿为怀州司马，窦梦征为沂州司马，崇政学士刘光素为密州司户，陆崇为安州司户，御史中丞王权为随州司户；以其世受唐恩而仕梁贵显故也。岳，崇龟之从子；觊，万年人；翘，敖之孙；怿，亦兆人；权，龟之孙也。

段凝、杜晏球上言：『伪梁要人赵岩、赵鹄、张希逸、张汉伦、张汉杰、张汉融、朱珪等，窃弄威福，残蠹群生，⑪不可不诛。』诏：『敬翔、李振首佐朱温，共倾唐祚；契丹撒刺阿拨叛兄弃母，⑫负恩背国，宜与岩等并族诛于市；自余文武将吏一切不问。』又诏追废朱温、朱友贞为庶人，毁其宗庙神主。

帝之与梁战于河上也，梁拱宸左厢都指挥使陆思铎善射，常于笴上自镂姓名，⑬射帝，中马鞍，帝拔箭藏之。至是，思铎从众俱降，帝出箭示之，思铎伏地待罪，帝慰而释之，寻授龙武右厢都指挥使。

以豆卢革尚在魏，命枢密使郭崇韬权行中书事。

梁诸藩镇稍稍入朝，或上表待罪，帝皆慰释之。宋州节度使袁象先首来入朝，陕州留后霍彦威次之。象先辇珍货数十万，⑭遍赂刘夫人及权贵、伶官、宦者，旬日，中外争誉之，恩宠隆异。己丑，诏伪庭节度、观察、防御、团练使、刺史及诸将校，并不议改更，将校官吏先奔伪庭者一切不问。

【注释】

①建国楼：大梁宫城南门为建国门，是大臣们入朝的必经之门，其楼称建国楼。②赍：带着，以物送人。③传国宝：即皇帝的印章。④温许州：即温昭图，初名温韬，降梁后改名，此以官署地望称之。⑤封丘门：大梁城北面二门之一，

又名含曜门。⑥梁门：大梁城西面北来第一门，又名乾象门。⑦崇政李太保：即李振，李振任梁崇政使，太保是古时对帝王辅弼之官的称谓。⑧太社：皇家祭坛。⑨封丘：县名。今河南封丘。⑩龁：咬。⑪蠹：损害、侵蚀。⑫撒剌阿拨：契丹人，辽太祖耶律阿保机之弟，因图谋作乱曾被囚禁，率兵投奔李存勖，不久又投奔后梁。⑬笴：箭杆。⑭辇：人力拉的车。

庚寅，豆卢革至自魏。甲午，加崇韬守侍中，领成德节度使。崇韬权兼内外，谋猷规益，①竭忠无隐，颇亦荐引人物，豆卢革受成而已，无所裁正。

丙申，赐滑州留后段凝姓名曰李绍钦，耀州刺史杜晏球曰李绍虔。

乙酉，梁西都留守河南尹张宗奭来朝，复名全义，献币马千计；帝命皇子继岌、皇弟存纪等兄事之。②帝欲发梁太祖墓，斫棺焚其尸，全义上言：『朱温虽国之深仇，然其人已死，刑无可加，屠灭其家，足以为报，乞免焚斫以存圣恩。』帝从之，但铲其阙室，削封树而已。③

戊戌，加天平节度使李嗣源兼中书令；以北京留守继岌为东京留守、同平章事。④

帝遣使宣谕诸道，梁所除节度使五十余人皆上表入贡。

楚王殷遣其子牙内马步都指挥使希范入见，纳洪、鄂行营都统印，上本道将吏籍。

荆南节度使高季昌闻帝灭梁，避唐庙讳，⑤更名季兴，欲自入朝，梁震曰：『唐有吞天下之志，严兵守险，犹恐不自保，况数千里入朝乎！且公朱氏旧将，安知彼不以仇敌相遇乎！』季兴不从。

帝遣使以灭梁告吴、蜀，二国皆惧。徐温尤严可求曰：『公前沮吾计，今将奈何？』可求笑曰：『闻唐主始得中原，志气骄满，御下无法，不出数年，将有内变，吾但当卑辞厚礼，保境安民以待之耳。』唐使称诏，吴人不受；帝易其书，用敌国之礼，⑥曰：『大唐皇帝致书于吴国主』，吴人复书称『大吴国主上大唐皇帝』，辞礼如笺表。

吴人有告寿州团练使钟泰章侵市官马者，徐知诰以吴王之命，遣滁州刺史王稔巡霍丘，因代为寿州团练使，以泰章为饶州刺史。徐温召至金陵，使陈彦谦诘之者三，皆不对。或问泰章：『可以不自辨？』泰章曰：『吾在扬州，十万军中号称壮士；寿州去淮数里，步骑不下五千，苟有它志，岂王稔单骑能代之乎！我义不负国，虽黜为县令亦行，况刺史乎！何为自辨以彰朝廷之失！』徐知诰欲以法绳诸将，请收泰章治罪。徐温曰：『吾非泰章，已死于张颢之手，今日富贵，安可负之！』命知诰为子景通娶其女以解之。

彗星见舆鬼，⑦长丈余，蜀司天监言国有大灾。蜀主诏于玉局化设道场，⑧右补阙张云上疏，以为：『百姓怨气上彻于天，故彗星见。此乃亡国之征，非祈禳可弭。』⑨蜀主怒，流云黎州，卒于道。

郭崇韬上言：『河南节度使、刺史上表者但称姓名，未除新官，恐负忧疑。』十一月，始降制以新官命之。

滑州留后李绍钦因伶人景进纳货于宫掖，除泰宁节度使。

帝幼善音律，故伶人多有宠，常侍左右；帝或时自傅粉墨，与优人共戏于庭，以悦刘夫人，优名谓之『李天下』。尝因为优，自呼曰：『李天下，李天下』，优人敬新磨遽前批其颊。⑩帝失色，群优亦骇愕，新磨徐曰：『理天下者只有一人，尚谁呼邪！』帝悦，厚赐之。帝尝畋于中牟，践民稼，中牟令当马前谏曰：『陛下为民父母，奈何毁其所食，使转死沟壑乎！』帝怒，叱去，将杀之。敬新磨追擒至马前，责之曰：『汝为县令，独不知吾天子好猎邪？奈何纵民耕种，以妨吾天子之驰骋乎！汝罪当死！』因请行刑，帝笑而释之。

诸伶出入宫掖，侮弄缙绅，⑪群臣愤嫉，莫敢出气；亦反有相附托以希恩泽者，四方藩镇争以货赂结之。其尤蠹政害人者，景进为之首。进好采闾阎鄙细事闻于上，⑫上亦欲知外间事，遂委进以耳目。进每奏事，常屏左右问之，由是进得施其谗慝，干预政事。自将相大臣皆惮之，孔岩常以兄事之。

壬寅，岐王遣使致书，贺帝灭梁，以季父自居，⑬辞礼甚倨。

癸卯，河中节度使朱友谦入朝，帝与之宴，宠锡无算。

张全义请帝迁都洛阳，从之。

己巳，赐朱友谦姓名曰李继麟，命继岌兄事之。

以康延孝为郑州防御使，赐姓名曰李绍琛。

废北都，复为成德军。

赐宣武节度使袁象先姓名曰李绍安。

匡国节度使温韬入朝，赐姓名曰李绍冲。绍冲多赍金帛赂刘夫人及权贵伶宦，旬日，复遣还镇。郭崇韬曰：『国家为唐雪耻，温韬发唐山陵殆遍，其罪与朱温相埒耳，何得复居方镇，天下义士其谓我何！』上曰：『入汴之初，已赦其罪。』竟遣之。

【注释】

①谋猷：计谋、出谋划策。③兄事之：像侍奉兄长一样对待他。③阙室、封树：阙室为墓门立柱及其他建筑；聚土为坟叫封，植树为标记叫树，是古代尊者的一种葬礼。④北京、东京：『北京』当作『北都』，在镇州；东京为魏州。⑤避唐庙讳：后唐庄宗李存勖于本年称帝时，追尊自己的祖父李国昌为献祖文皇帝。⑥敌国：对等之国。⑦见舆鬼：舆鬼，星宿名，共有五星所组成，依古天象说，其在地上的对应地区为泰州、雍州。⑧道场：指佛教或道教诵经礼拜成道修道的地方。⑨祈禳：对天或神明祈求福祥，祛除灾变。⑩批其颊：批，反手打；颊，脸的两侧。⑪缙绅：指士大夫。⑫闾阎：指民间。⑬季父：父子幼弟，亦即叔父。岐王李茂贞与晋王李克用在唐代同为藩镇，又都是因功赐姓，康唐属籍，义犹兄弟，故其对李存勖以季父自居。

戊申，中书奏以：『国用未充，请量留三省、寺、监官，余并停，俟见任者满二十五月，以次代之；其西班上将军以下，[①]令枢密院准此。』从之。人颇咨怨。

初，梁均王将祀南郊于洛阳，闻杨刘陷而止，其仪物具在。张全义请上亟幸洛阳，谒庙毕即祀南郊；从之。

丙辰，复以梁东京开封府为宣武军汴州。梁以宋州为宣武军，诏更名归德军。

诏文武官先诣洛阳。

议者以郭崇韬勋臣为宰相，不能知朝廷典故，当用前朝名家以佐之。或荐礼部尚书薛廷珪、太子少保李琪，尝为太祖册礼使，[②]皆耆宿有文，宜为相。崇韬奏廷珪浮华无相业，琪倾险无士风；尚书左丞赵光胤廉洁方正，自梁未亡，北人皆称其有宰相器。豆卢革荐礼部侍郎韦说谙练朝章。丁巳，以光胤为中书侍郎，与说并同平章事。光胤，光逢之弟；说，岫之子；廷珪，逢之子也。光胤性轻率，喜自矜；说谨重守常而已。

赵光逢自梁朝罢相，杜门不交宾客，光胤时往见之，语及政事。他日，[③]光逢署其户曰：『请不言中书事。』

租庸副使孔谦畏张宪公正，欲专使务，言于郭崇韬曰：『东京重地，须大臣镇之，非张公不可。』崇韬即奏以宪为东京副留守，知留守事。戊午，以豆卢革判租庸，④兼诸道盐铁转运使。谦弥失望。

己未，加张全义守尚书令，⑤高季兴守中书令。时季兴入朝，上待之甚厚，从容问曰：『朕欲用兵于吴、蜀，二国何先？』季兴以蜀道险难取，乃对曰：『吴地薄民贫，克之无益，不如先伐蜀。蜀土富饶，又主荒民怨，伐之必克。克蜀之后，顺流而下，取吴如反掌耳。』上曰：『善！』

辛酉，复以永平军大安府为西京京兆府。⑥

甲子，帝发大梁；十二月，庚午，至洛阳。

吴越王異以行军司马杜建徽为左丞相。

壬申，诏以汴州宫苑为行宫。

以耀州为顺义军，延州为彰武军，邓州为威胜军，晋州为建雄军，安州为安远军；⑦自余藩镇，皆复唐旧名。

庚辰，御史台奏：『朱温篡逆，删改本朝《律令格式》，悉收旧本焚之，今台司及刑部、大理寺所用皆伪廷之法。闻定州敕库独有本朝《律令格式》具在，⑧乞下本道录进。』从之。

李继韬闻上灭梁，忧惧，不知所为，欲北走契丹，会有诏征诣阙；继韬将行，其弟继远曰：『兄以反为名，何地自容！往与不往等耳，不若深沟高垒，坐食积粟，犹可延岁月；入朝，立死矣。』或谓继韬曰：『先令公有大功于国，⑨主上于公，季父也，往必无虞。』继韬母杨氏，善蓄财，家赀百万，乃与杨氏偕行，赍银四十万两，他货称是，大布赂遗。伶人宦官争为之言曰：『继韬初无邪谋，为奸人所惑耳。嗣昭亲贤，不可无后。』杨氏复入宫见帝，泣请其死，以其先人为言；又求哀于刘夫人，刘夫人亦为之言。及继韬入见待罪，上释之，留月余，屡从游畋，宠待如故。皇弟义成节度使、同平章事存渥深诋诃之，继韬心不自安，复赂左右求还镇，上不许。继韬潜遣人遗继远书，教军士纵火，冀天子复遣己抚安之，事泄，辛巳，贬登州长史，寻斩于天津桥南，并其二子。遣使斩继远于上党，以李继达充军城巡检。

召权知军州事李继俦诣阙，⑩继俦据有继韬之室，料简妓妾，搜校货财，不时即路。继达怒曰：『吾家兄弟父子同时诛死者四人，大兄曾无骨肉之情，贪淫如此，吾诚羞之，无面视人，生不如死！』甲申，继达衰服，⑪帅麾下百骑坐戟门呼曰：『谁与吾反者？』因攻牙宅，⑫斩继俦。节度副使李继珂闻乱，募市人，得千余，攻子城。继达知事不济，开东门，归私第，尽杀其妻子，将奔契丹，出城数里，从骑皆散，乃自刭。

甲申，吴王复遣司农卿洛阳卢蘋来奉使，严可求豫料帝所问，教蘋应对，既至，皆如可求所料。蘋还，言唐主荒于游畋，啬财拒谏，内外皆怨。

高季兴在洛阳，帝左右伶宦求货无厌，季兴忿之。帝欲留季兴，郭崇韬谏曰：『陛下新得天下，诸侯不过遣子弟将佐入贡，惟高季兴身自入朝，当褒赏以劝来者；乃羁留不遣，弃信亏义，沮四海之心，非计也。』乃遣之。季兴倍道而去，至许州，谓左右曰：『此行有二失：来朝一失，纵我去一失。』过襄州，节度使孔勍留宴，中夜，斩关而去。丁酉，至江陵，握梁震手曰：『不用君言，几不免虎口。』又谓将佐曰：『新朝百战方得河南，⑬乃对功臣举手去，「吾于十指上得天下，」矜伐如此，则他人皆无功矣，其谁不解体！又荒于禽色，何能久长！吾无忧矣。』乃缮城积粟，招纳梁旧兵，为战守之备。

【注释】

①西班：指武官。②尝为太祖册礼使：太祖，指后唐太祖武皇帝李克用；册礼使，是唐代临时所置的差遣官，掌奉使册赠，事毕即罢。③他日：指赵光胤被任命为中书侍郎以后。④判租庸：判，任官称谓，除指中枢官兼任地方官外，通常指以高官兼低职者。⑤守：任官称谓，署理，指官阶比所任实职低职者，有时也含有试用的意思。⑥大安府：府名。后梁太祖于开平三年（公元909年）以京兆府改名。⑦耀州、延州、邓州、晋州、安州：耀州今陕西耀县；延州今陕西延安东；邓州今河南邓县；晋州今山西临汾；安州今四川云阳。⑧敕库：敕为皇帝的诏书文告，敕库类似于后世的国家档案馆。⑨先令公：指李继韬之父李嗣昭。⑩权知：任官称谓，暂时主持、执掌某种官职。⑪衰服：丧服。⑫牙宅：官府内的住宅。⑬新朝：指新得天下的后唐。

庄宗光圣神闵孝皇帝中

同光二年 春，正月，甲辰，幽州奏契丹入寇，至瓦桥。以天平军节度使李嗣源为北面行营都招讨使，陕州留后霍彦威副之，宣徽使李绍宏为监军，将兵救幽州。

孔谦复言于郭崇韬曰：『首座相公万机事繁，①居第且远，租庸簿书多留滞，宜更图之。』豆卢革尝以手书便省库钱数十万，②谦以手书示崇韬，崇韬微以讽革。革惧，奏请崇韬专判租庸，崇韬固辞。上曰：『然则谁可者？』崇韬曰：『孔谦虽久典金谷，若遽委大任，恐不叶物望，请复用张宪。』帝即命召之。谦弥失望。

岐王闻帝入洛，内不自安，遣其子行军司马彰义节度使兼侍中继曮入贡，始上表称臣。帝以其前朝耆旧，与太祖比肩，特加优礼，每赐诏但称岐王而不名。庚戌，加继曮兼中书令，遣还。

敕：『内官不应居外，应前朝内官及诸道监军并私家先所畜者，不以贵贱，并遣诣阙。』时在上左右者已五百人，至是殆及千人，皆给赡优厚，委之事任，以为腹心。内诸司使，自天祐以来以士人代之，③至是复用宦者，浸干政事。既而复置诸道监军，节度使出征或留阙下，军府之政皆监军决之，陵忽主帅，怙势争权，由是藩镇皆愤怒。

契丹出塞。召李嗣源旋师，命泰宁节度使李绍钦、泽州刺史董璋戍瓦桥。

李继曮见唐甲兵之盛，归，语岐王，岐王益惧。癸丑，表请正藩臣之礼，优诏不许。

孔谦恶张宪之来，言于豆卢革曰：『钱谷细事，一健吏可办耳。魏都根本之地，顾不重乎！兴唐尹王正言操守有余，智力不足，必不得已，使之居朝廷，众人辅之，犹愈于专委方面也。』革为之言于崇韬，崇韬乃奏留张宪于东京。甲寅，以正方为租庸使。正言昏懦，谦利其易制故也。

李存审奏契丹去，复得新州。

戊午，敕盐铁、度支、户部三司并隶租庸使。

上遣皇弟存渥、皇子继岌迎太后、太妃于晋阳，太妃曰：『陵庙在此，④若相与俱行，岁时何人奉祀！』遂留不来。太后至，庚申，上出迎于河阳；辛酉，从太后入洛阳。

二月，己巳朔，上祀南郊，大赦。孔谦欲聚敛以求媚，凡赦文所蠲者，⑤谦复征之。自是每有诏令，人皆不信，百姓愁怨。

郭崇韬初至汴、洛，颇受藩镇馈遗，所亲或谏之，崇韬曰：『吾位兼将相，禄赐巨万，岂藉外财！但以伪梁之季，贿赂成风，今河南藩镇，皆梁之旧臣，主上之仇雠也，若拒，其意能无惧乎！吾特为国家藏之私室耳。』及将祀南郊，崇韬首献劳军钱十万缗。先是，宦官劝帝分天下财赋为内外府，州县上供者入外府，充经费，方镇贡献者入内府，充宴游及给赐左右。于是外府常虚竭无余而内府山积。及有司办郊祀，乏劳军钱，崇韬言于上曰：『臣已倾家所有以所助大礼，愿陛下亦出内府之财以赐有司。』上默然久之，曰：『吾晋阳自有储积，可令租庸辇取以相助。』于是取李崇韬私第金帛数十万以益之，军士皆不满望，始怨恨，有离心矣。

河中节度使李继麟请榷安邑、解县盐，每季输省课。己卯，以继麟充制置两池榷盐使。⑥

辛巳，进岐王爵为秦王，仍不名、不拜。

【注释】

①首座相公：指豆卢革。②便省库钱：即借省库钱。时称借钱为便钱，取其借贷以方便所用之义。③天祐：唐昭宗年号，始于公元904年。④陵庙：指李存勖曾祖永兴陵、祖长宁陵和父建极陵。⑤蠲：通捐，除去、减免。⑥榷盐使：官名。掌食盐专卖。

郭崇韬知李绍宏怏怏，①乃置内句使，掌句三司财赋，以绍宏为之，冀弭其意，而绍宏终不悦，徒使州县增移报之烦。

崇韬位兼将相，复领节旄，以天下为己任，权侔人主，旦夕车马填门。性刚急，遇事辄发，嬖幸侥求，多所摧仰，宦官疾之，朝夕短之于上。崇韬扼腕，欲制之不能。豆卢革、韦说尝问之曰：『汾阳王本太原人徙华阴，公世家雁门，岂其枝派邪？』崇韬因曰：『遭乱，亡失谱谍，②尝闻先人言，上距汾阳世四耳。』革曰：『然则固从祖也。』崇韬由是以膏梁自处，多甄别流品，引拔浮华，鄙弃勋旧。有求官者，崇韬曰：『深知公功能，然门地寒素，不敢相用，恐为名流所嗤。』由是嬖幸疾之于内，勋旧怨之于外。崇韬屡请以枢密使让李绍宏，上不许；又请分枢密院事归内诸司以轻其权，③而宦官谤之不已。崇韬郁郁不得志，与所亲谋赴本镇以避之，其人曰：『不可，蛟龙失水，蝼蚁足以制之。』

先是，上欲以刘夫人为皇后，而有正妃韩夫人在，太后素恶刘夫人，崇韬亦屡谏，上以是不果。于是所亲说崇韬曰：『公若请立刘夫人为皇后，上必喜。内有皇后之助，则伶宦辈不能为患矣。』崇韬从之，与宰相帅百官共奏刘夫人宜正位中宫。癸未，立魏国夫人刘氏为皇后。皇后生于寒微，既贵，专务蓄财，其在魏州，至于薪苏果茹皆贩鬻之。及为后，四方贡献皆分为二，一上天子，一上中宫。以是宝货山积，惟用写佛经，施尼师而已。

是时皇太后诰，皇后教，与制敕交行于藩镇，④奉之如一。

诏蔡州刺史朱勍浚索水，通漕运。

三月，己亥朔，蜀主宴近臣于怡神亭，酒酣，君臣及宫人皆脱冠露髻，喧哗自恣。知制诰京兆李龟祯谏曰：『君臣沉湎，不忧国政，臣恐启北敌之谋。』⑤不听。

乙巳，镇州言契丹将犯塞，诏横海节度使李绍斌、北京左厢马军指挥使李从珂帅骑兵分道备之；天平节度使李嗣源屯邢州。绍斌本姓赵，名行实，幽州人也。

丙午，加高季兴兼尚书令，时封南平王。

李存审自以身为诸将之首，⑥不得预克汴之功，感愤，疾益甚，屡表求入觐，郭崇韬抑而不许。存审疾亟，表乞生睹龙颜，乃许之。初，帝尝与右武卫上将军李存贤手搏，存贤不尽其技，帝曰：『汝能胜我，我当授藩镇。』存贤乃奉诏，仅仆帝而止。及许存审入觐，帝以存贤为卢龙行军司马，旬日除节度使，曰：『手搏之约，吾不食言矣。』

庚戌，幽州奏契丹寇新城。

勋臣畏伶宦之谗，皆不自安，蕃汉内外马步副总管李嗣源求解兵柄，帝不许。

自唐末丧乱，缙绅之家或以告赤鬻于族姻，遂乱昭穆，⑦至有舅叔拜甥、侄者，选人伪滥者众。郭崇韬欲革其弊，请令铨司精加考核。时南郊行事官千二百人，注官者才数十人，涂毁告身者十之九。选人或号哭道路，或馁死逆旅。

唐室诸陵先为温韬所发，庚申，以工部郎中李途为长安按视诸陵使。

皇子继岌代张全义判六军诸卫事。

夏，四月，己巳朔，群臣上尊号曰昭文睿武至德光孝皇帝。

帝遣客省使李严使于蜀，严盛称帝威德，有混一天下之志。⑧且言朱氏篡窃，诸侯曾无勤王之举。王宗俦以其语侵蜀，请斩之，蜀主不从。宣徽北院使宋光葆上言：『晋王有凭陵我国家之志，宜选将练兵，屯戍边鄙，积糗粮，治战舰以待之。』蜀主乃以光葆为梓州观察使，充武德节度留后。

乙亥，加楚王殷兼尚书令。

庚辰，赐前保义留后霍彦威姓名李绍真。[9]

秦忠敬王李茂贞卒，遣奏以其子继曮权知凤翔军府事。

初，安义牙将杨立有宠于李继韬，继韬诛，常邑邑思乱。会发安义兵三千戍涿州，立谓其众曰：『前此潞兵未尝戍边，今朝廷驱我辈投之绝塞，盖不欲置之潞州耳。与其暴骨沙场，不若据城自守，事成富贵，不成为群盗耳。』因聚噪攻子城东门，焚掠市肆；节度副使李继珂、监军张弘祚弃城走，立自称留后，遣将士表求旌节。诏以天平节度使李嗣源为招讨使，武宁节度使李绍荣为部署，[10]帐前都指挥使张廷蕴为马步都指挥使以讨之。

孔谦贷民钱，使以贱估偿丝，[11]屡檄州县督之。翰林学士承旨、权知汴州卢质上言：『梁赵岩为租庸使，举贷诛敛，结怨于人。陛下革故鼎新，为人除害，而有司未改其所为，是赵岩复生也。今春霜害稼，[12]茧丝甚薄，但输正税，犹惧流移，况益以称贷，人何以堪！臣惟事天子，不事租庸，敕旨未颁，省牒频下，[13]愿早降明命！』帝不报。

汉主引兵侵闽，屯于汀、漳境上；闽人击之，汉主败走。

初，胡柳之役，伶人周匝为梁所得，帝每思之；入汴之日，匝谒见于马前，帝甚喜。匝涕泣言曰：『臣所以得生全者，皆梁教坊使陈俊、内园栽接使储德源之力也，愿就陛下乞二州以报之。』帝许之。郭崇韬谏曰：『陛下所与共取天下者，皆英豪忠勇之士。今大功始就，封赏未及一人，而先以伶人为刺史，恐失天下心。』以是不行。逾年，伶人屡以为言，帝谓崇韬曰：『吾已许周匝矣，使吾惭见此三人。公言虽正，然当为我屈意行之。』五月，壬寅，以俊为景州刺史，德源为宪州刺史。时亲军有从帝百战未得刺史者，莫不愤叹。

乙巳，右谏议大夫薛昭文上疏，以为：『诸道僭窃者尚多，征伐之谋，未可遽息。又，士卒久从征伐，赏给未丰，贫乏者多，宜以四方贡献及南郊羡余，更加颁赉。又，河南诸军皆梁之精锐，恐僭窃之国潜以厚利诱之，[14]宜加收抚。又，户口流亡者，宜宽勳薄赋以安集之。又，土木不急之役，宜加裁省。又请择隙地牧马，勿使践京畿民田。』[15]皆不从。

戊申，蜀主遣李严还。初，帝因严入蜀，令以马市宫中珍玩，而蜀法禁锦绮珍奇不得入中国，其粗恶者乃听入中国，谓之『入草物』。严还，以闻，帝怒曰：『王衍宁免为入草之人乎！』严因言于帝曰：『衍童呆荒纵，[16]不亲政务，斥远故老，昵比小人。其用事之臣王宗弼、宋光嗣等，谄谀专恣，黩货无厌，贤愚易位，刑赏紊乱，君臣上下专以奢淫相尚。以臣观之，大兵一临，瓦解土崩，可翘足而待也。』帝深以为然。

帝以潞州叛故，庚戌，诏天下州镇无得修城浚隍，悉毁防城之具。

壬子，新宣武节度使兼中书令、蕃汉马步总管李存审卒于幽州。存审出于寒微，常戒诸子曰：『尔父少提一剑去乡里，四十年间，位极将相，其间出万死获一生者非一，破骨出镞者凡百余。』因授以所出镞，命藏之，曰：『尔曹生于膏粱，[17]当知尔父起家如此也。』

幽州言契丹将入寇，甲寅，以横海节度使李绍斌充东北面行营招讨使，将大军渡河而北。契丹屯幽州东南城门之外，虏骑充斥，馈运多为所掠。

壬戌，以李继曮为凤翔节度使。

乙丑，以权知归义留后曹义金为节度使。时瓜、沙与吐蕃杂居，[18]义金遣使间道入贡，故命之。

李嗣源大军前锋至潞州，日已暝，泊军方定，张廷蕴帅麾下壮士百余辈逾堑坎城而上，守者不能御，即斩关延诸军入。比明，嗣源及李绍荣至，城已下矣，嗣源等不悦。丙寅，嗣源奏潞州平。六月，丙子，磔杨立及其党于镇国桥。潞州城池高深，帝命夷之。

丙戌，以武宁节度使李绍荣为归德节度使、同平章事，留宿卫，宠遇甚厚。帝或时与太后、皇后同至其家。帝有幸姬，色美，尝生子矣，刘后妒之。会绍荣丧妻，一日，侍禁中，帝问绍荣：『汝复娶乎？为汝求婚。』后因指幸姬曰：『大家怜绍荣，[19]何不以此赐之！』帝难言不可，微许之。后趣绍荣拜谢，比起，顾幸姬，已肩舆出宫矣。帝为之托疾不食者累日。

壬辰，以天平节度使李嗣源为宣武节度使，代李存审为蕃汉内外马步总管。

【注释】

①李绍宏怏怏：指后唐立国时郭崇韬表荐李绍宏为宣徽使，而让张居翰任枢密使，权位在己之上。②谱谍：记述氏族或宗族世系的书。③分枢密院事：枢密使本为张居翰，因其和气胆小，实际由郭崇韬掌理。④诰、教、制敕：

均为上对下行文告谕文体的专称。具体说来，诰为文书，教为命令，制敕是由中书省起草的皇帝诏令。⑤北敌：指后唐。⑥诸将之首：李存审当时任蕃汉马步军都总管，故称。⑦昭穆：古代宗法社会中的宗庙或墓地的辈次排列制度。⑧混一：统一。⑨保义：保义军为原后梁陕州镇国军所改。⑩部署：官名。专任主帅之职。⑪贱估：贱价。⑫害稼：作『害桑』，较妥。⑬省牒：指租庸使所下文书。⑭僭窃之国：指前蜀、吴、南汉等国。⑮京畿：国都所在地及其行政官署所管辖地区，又称京辅。⑯童呆：童幼痴愚。⑰膏粱：膏为肉之肥者，梁为食之精者，统指精美的食物；常用来比喻富贵人家。⑱瓜、沙：地名。瓜州在今甘肃安西东南；沙州在今甘肃敦煌西。⑲大家：宫中近臣或皇后对皇帝的称呼。

秋，七月，壬寅，蜀以礼部书许寂为中书侍郎、同平章事。

孔谦复短王正言于郭崇韬，又厚赂伶宦，求租庸使，终不获，意快快，癸卯，表求解职。帝怒，以为避事，将置于法，景进救之，得免。

梁所决河连年为曹、濮患，甲辰，命右监门上将军娄继英督汴、滑兵塞之。未几，复坏。

庚申，置威塞军于新州。

契丹恃其强盛，遣使就帝求幽州以处卢文进。时东北诸夷皆役属契丹，惟渤海未服；契丹主谋入寇，恐渤海掎其后，①乃先举兵击渤海之辽东，遣其将秃馁及卢文进据营、平等州以扰燕地。

八月，戊辰，蜀主以右定远军使王宗锷为招讨马步使，帅二十一军屯洋州；乙亥，以长直马军使林思谔为昭武节度使，戍利州以备唐。

租庸使王正言病风，恍惚不能治事，景进屡以为言。癸酉，以副使、卫尉卿孔谦为租庸使，右威卫大将军孔循为副使。循即赵殷衡也，梁亡，复其姓名。谦自是得行其志，重敛急征以充帝欲，民不聊生。癸未，赐谦号丰财赡国功臣。

帝复遣使者李彦稠入蜀，九月，己亥，至成都。

癸卯，帝猎于近郊。时帝屡出游猎，从骑伤民禾稼，洛阳令何泽付于从薄，②俟帝至，遮马谏曰：『陛下赋敛既急，今稼穑将成，复蹂践之，使吏何以为理，民何以为生！臣愿先赐死。』帝慰而遣之。泽，广州人也。

契丹攻渤海，无功而还。

蜀前山南节度使兼中书令王宗俦以蜀主失德，与王宗弼谋废立，宗弼犹豫未决。庚戌，宗俦忧愤而卒。宗弼谓枢密使宋光嗣、景润澄等曰：『宗俦教我杀尔曹，今日无患矣。』光嗣辈俯伏泣谢。宗弼子承班闻之，谓人曰：『吾家难乎免矣。』

乙卯，蜀主以前镇江军节度使张武为峡路应援招讨使。

丁巳，幽州言契丹入寇。

冬，十月，辛未，天平节度使李存霸、平卢节度使符习言：『属州多称直奉租庸使贴指挥公事，使司殊不知，③有紊规程。』租庸使奏，近例皆直下。敕：『朝廷故事，制敕不下支郡，牧守不专奏陈。今两道所奏，乃本朝旧规；租庸所陈，是伪廷近事。④自今支郡自非进奉，皆须本道腾奏，租庸征催亦须牒观察使。』⑤虽有此敕，竟不行。

易定言契丹入寇。

蜀宣徽北院使王承休请择诸军骁勇者万二千人，置驾下左、右龙武步骑四十军，兵械给赐皆优异于它军，以承休为龙武军马步都指挥使，以裨将安重霸副之，旧将无不愤耻。重霸，去州人，以狡佞贿赂事承休，故承休悦之。

吴越王镠复修本朝职贡，⑥壬午，帝因梁官爵而命之。镠厚贡献，并赂权要，求金印、玉册、赐诏不名、称国王。有司言：『故事惟天子用玉册，王公皆用竹册；又，非四夷无封国王者。』帝皆曲从镠意。

吴王如白沙观楼船，更命白沙曰迎銮镇。⑦徐温自金陵来朝，先是，温以亲吏翟虔为阁门、宫城、武备等使，使察王起居，虔防制王甚急。至是，王对温名雨为水，温请其故。王曰：『翟虔父名，吾讳之熟矣。』因谓温曰：『公之忠诚，我所知也，然翟虔无礼，宫中及宗室所须多不获。』温顿首谢罪，请斩之，王曰：『斩则太过，远徙可也。』乃徙抚州。

十一月，蜀主遣其翰林学士欧阳彬来聘。彬，衡山人也。又遣李彦稠东还。癸卯，帝帅亲军猎于伊阙，⑧命从官拜梁太祖墓。涉历山险，连日不止，或夜合围；士卒坠崖谷死及折伤者甚众。丙午，还宫。

蜀以唐修好，罢威武城戍，召关宏业等二十四军还成都。戊申，又罢武定、武兴招讨刘潜等三十七军。

丁巳，赐护国节度使李继麟铁券，⑨以其子令德、令锡皆为节度使，诸子胜衣者即拜官，宠冠列藩。

庚申，蔚州言契丹入寇。

辛酉，蜀主罢天雄军招讨，命王承骞等二十九军还成都。

十二月，乙丑朔，蜀主以右仆射张格兼中书侍郎、同平章事。初，格之得罪，中书吏王鲁柔乘危窘之；及再为相用事，杖杀之。许寂谓人曰：『张公才高而识浅，戮一鲁柔，他人谁敢自保！此取祸之端也。』

蜀主罢金州屯戍，命王承勋等七军还成都。

己巳，命宣武节度使李嗣源将宿卫兵三万七千人赴汴州，遂如幽州御契丹。

庚午，帝及皇后如张全义第，全义大陈贡献；酒酣，皇后奏称：『妾幼失父母，见老者辄思之，请父事全义。』帝许之。全义惶恐固辞，再三强之，竟受皇后拜，复贡献谢恩。明日，后命翰林学士赵凤草书谢全义，凤密奏：『自古无天下之母拜人臣为父者。』帝嘉其直，然卒行之。自是后与全义日遣使往来问遗不绝。

初，唐僖、昭之世，宦官虽盛，未尝有建节者。蜀安重霸劝王承休求秦州节度使，承休言于蜀主曰：『秦州多美妇人，请为陛下采择以献。』蜀主许之，庚午，以承休为天雄节度使，封鲁国公；以龙武军为承休牙兵。

乙亥，蜀主以前武德节度使兼中书令徐延琼为京城内外马步都指挥使。延琼以外戚代王宗弼居旧将之右，众皆不平。

壬午，北京言契丹寇岚州。⑩

辛卯，蜀主改明年元曰咸康。

卢龙节度使李存贤卒。

是岁，蜀主徙普王宗仁为卫王。雅王宗辂为幽王，褒王宗纪为赵王，荣王宗智为韩王，兴王宗泽为宋王，彭王宗鼎为鲁王，忠王宗平为薛王，资王宗特为莒王；宗辂、宗智、宗平皆罢军使。

【注释】

①掎：拖住。②丛薄：草聚生为丛，草木交错为薄。③使司：指节度使司。④伪廷：指灭亡不久的朱梁王朝。⑤牒观察使：掌民事，故制敕要求租庸使征催须牒送观察使司。⑥复修本朝职贡：吴越王钱镠本是唐朝大臣，唐亡事梁，梁亡又事后唐，故云『复修本朝职贡』。⑦迎銮镇：今江苏仪征真州镇。⑧伊阙：县名。今河南伊川西南。

⑨铁券：帝王颁赐给功臣授以世代享受某种特权的铁契，多以豁免权为主要内容。⑩北京：指太原，后唐先以太原为西京，后改为北京。

三年 春，正月，甲午朔，蜀大赦。

丙申，敕有司改葬昭宗及少帝，[①]竟以用度不足而止。

契丹寇幽州。

庚子，帝发洛阳；庚戌，至兴唐。

诏平卢节度使苻习治酸枣遥堤以御决河。[②]

初，李嗣源北征，过兴唐，东京库有供御细铠，嗣源牒副留守张宪取五百领，宪以军兴，不暇奏而给之；帝怒曰：『宪不奉诏，擅以吾铠给嗣源，何意也！』罚宪俸一月，令自往军中取之。

帝以义武节度使王都将入朝，欲辟球场，宪曰：『此以行宫阙廷为球场，前年陛下即位于此。其坛不可毁，请辟球场于宫西。』数日，未成，帝命毁即位坛。宪谓郭崇韬曰：『此坛，主上所以礼上帝，始受命之地也，若之何毁之！』崇韬从容言于帝，帝立命两虞候毁之。[③]宪私于崇韬曰：『忘天背本，不祥莫大焉。』

二月，甲戌，以横海节度使李绍斌为卢龙节度使。

丙子，李嗣源奏败契丹于涿州。

上以契丹为忧，与郭崇韬谋，以威名宿将零落殆尽，李绍斌位望素轻，欲徙李嗣源镇真定，为绍斌声援，崇韬深以为便。时崇韬领真定，上欲徙崇韬镇汴州，崇韬辞曰：『臣内典枢机，外预大政，富贵极矣，何必更领藩方？且群臣或从陛下岁久，身经百战，所得不过一州。臣无汗马之劳，徒以侍从左右，时赞圣谟，致位至此，常不自安；今因委任勋贤，使臣得解旄节，乃大愿也。且汴州关东冲要，地富人繁，臣既不至治所，徒令他人摄职，何异空城！非所以固国基也。』上曰：『深知卿忠尽，然卿为朕画策，袭取汶阳，保固河津，既而自此路乘虚直趋大梁，成朕帝业，岂百战之功可比乎！今朕贵为天子，岂可使卿曾无尺寸之地乎！』崇韬固辞不已，上乃许之。庚辰，徙李嗣源为成德节度使。

汉主闻帝灭梁而惧，遣宫苑使何词入贡，且觇中国强弱。④甲申，词至魏。及还，言帝骄淫无政，不足畏也。汉主大悦，自是不复通中国。

帝性刚好胜，不欲权在臣下，入洛之后，信伶宦之谗，颇疏忌宿将。李嗣源家在太原，三月，丁酉，表卫州刺史李从珂为北京内牙马步都指挥使以便其家，帝怒曰：『嗣源握兵权，居大镇，军政在吾，安得为其子奏请！』乃黜从珂为突骑指挥使，帅数百人戍石门镇。嗣源忧恐，上章申理，久之方解。辛丑，嗣源乞至东京朝觐，不许。郭崇韬以嗣源功高位重，亦忌之，私谓人曰：『总管令公非久为人下者，⑤皇家子弟皆不及也。』密劝帝召之宿卫，罢其兵权，又劝帝除之，帝皆不从。

己酉，帝发兴唐，自德胜济河，历杨村、戚城，观昔时战处，指示群臣以为乐。

洛阳宫殿宏邃，宦者欲上增广嫔御，诈言宫中夜见鬼物。上欲使符咒者攘之，⑥宦者曰：『臣昔逮事咸通、乾符天子，⑦当是时，六宫贵贱不减万人。今掖庭太半空虚，故鬼物游之耳。』上乃命宦者王允平、伶人景进采择民间女子，远至太原、幽、镇，以充后庭，不啻三千人，不问所从来。上还自兴唐，载以牛车，累累盈路。张宪奏：『诸营妇女亡逸者千余人，⑧虑扈从诸军挟匿以行。』其实皆入宫矣。

庚辰，帝至洛阳；辛酉，诏复以洛阳为东都，兴唐府为邺都。

夏，四月，癸亥朔，日有食之。

初，五台僧诚惠以妖妄惑人，自言能降伏天龙，命风召雨；帝尊信之，亲帅后妃及皇弟、皇子拜之，诚惠安坐不起，群臣莫敢不拜，独郭崇韬不拜。时大旱，帝自邺都迎诚惠至洛阳，使祈雨，士民朝夕瞻仰，数旬不雨。或谓诚惠：『官以师祈雨无验，将焚之。』诚惠逃去，惭惧而卒。

庚寅，中书侍郎、同平章事赵光胤卒。

太后自与太妃别，⑨常忽忽不乐，虽娱玩盈前，未尝解颜；太妃既别太后，亦邑邑成疾。太后遣中使医药相继于道，闻疾稍加，辄不食，又谓帝曰：『吾与太妃恩如兄弟，欲自往省之。』帝以天暑道远，苦谏，久之乃止，但遣皇弟存渥等往迎侍。五月，丁酉，北都奏太妃薨。太后悲哀不食者累日，帝宽譬不离左右。太后自是得疾，又欲自往会太妃葬，帝力谏而止。

闽王审知寝疾，命其子节度副使延翰权知军府事。

【注释】①昭宗及少帝：即唐昭宗李晔和唐少帝李柷，因其被朱温所杀，当时葬仪多阙，故需改葬。②遥堤：一种距河床较远的堤坝。③两虞候：官名。一说为马军虞候和步军虞候，一说为左、右虞侯。为亲军中的侍卫官。④觇：窥看。⑤总管令公：指李嗣源。时李嗣源担任中书令、蕃汉内外马步军都总管，故称之。⑥符咒者：为道士、巫师之类。⑦咸通、乾符：咸通（公元860～873年）为唐懿宗年号；乾符（公元874～880年）为唐僖宗年号。⑧诸营妇女：诸营为魏州诸营，妇女为随军眷属。⑨与太妃别：同光二年正月，太后离晋阳。

自春夏大旱，六月，壬申，始雨。

帝苦溽暑，[1]于禁中择高凉之所，皆不称旨。宦者因言：『臣见长安全盛时，大明、兴庆宫楼观以百数。今日宅家曾无避暑之所，宫殿之盛曾不及当时公卿第舍耳。』帝乃命宫苑使王允平别建一楼以清暑。宦者曰：『郭崇韬常不伸眉，为孔谦论用度不足，恐陛下虽欲营缮，终不可得。』帝曰：『吾自用内府钱，无关经费。』[2]然犹虑崇韬谏，遣中使语之曰：『今岁盛暑异常，朕昔在河上，与梁人相拒，行营卑湿，被甲乘马，亲当矢石，犹无此暑。今居深宫之中而暑不可度，奈何？』对曰：『陛下昔在河上，勍敌未灭，深念仇耻，虽有盛暑，不介圣怀。今外患已除，海内宾服，故虽珍台闲馆犹觉郁蒸也。陛下倘不忘艰难之时，则暑气自消矣。』帝默然。宦者曰：『崇韬之第，无异皇居，宜其不知至尊之热也。』帝卒命允平营楼，日役万人，所费巨万。崇韬谏曰：『今两河水旱，军食不充，愿且息役，以俟丰年。』帝不听。

帝将伐蜀，辛卯，诏天下括市战马。

吴镇海节度判官、楚州团练使陈彦谦有疾，徐知诰恐其遗言及继嗣事，遗之医药金帛，相属于道。彦谦临终，密留中遗徐温，请以所生子为嗣。

太后疾甚。秋，七月，甲午，成德节度使李嗣源以边事稍弭，表求入朝省太后，帝不许。壬寅，太后殂。[3]帝毁过甚，五日方食。

八月，癸未，杖杀河南令罗贯。初，贯为礼部员外郎，性强直，为郭崇韬所知，用为河南令。为政不避权豪，伶宦请托，书积几案，一不报，皆以示崇韬，崇韬奏之，由是伶宦切齿。河南尹张全义亦以贯高伉，恶之，遣婢诉于皇后，后与伶宦共毁之，帝含怒未发。会帝自往寿安视坤陵役者，道路泥泞，桥多坏。帝问主者为谁，宦官对属河南。帝怒，下贯狱；狱吏榜掠，④体无完肤，明日，传诏杀之。崇韬谏曰：『贯坐桥道不修，法不至死。』帝怒曰：『太后灵驾将发，天子朝夕往来，桥道不修，卿言无罪，是党也！』崇韬曰：『陛下以万乘之尊，怒一县令，使天下谓陛下用法不平，臣之罪也。』帝曰：『既公所爱，任公裁之。』拂衣起入宫，崇韬随之，论奏不已；帝自阖殿门，崇韬不得入。贯竟死，暴尸府门，远近冤之。

丁亥，遣吏部侍郎李德休等赐吴越国王玉册、金印，红袍御衣。⑤

九月，蜀主与太后、太妃游青城山，历丈人观、上清宫，遂至彭州阳平化、汉州三学山而还。

乙未，立皇子继岌为魏王。

丁酉，帝与宰相议伐蜀，威胜节度使李绍钦素谄事宣徽使李绍宏，绍宏荐『绍钦有盖世奇才，虽孙、吴不如，⑥可以大任。』郭崇韬曰：『段凝亡国之将，⑦奸谄绝伦，不可信也。』众举李嗣源，崇韬曰：『契丹方炽，总管不可离河朔。魏王地当储副，未立殊功，请依故事，以为伐蜀都统，成其威名。』帝曰：『儿幼，岂能独往，当求其副。』既而曰：『无以易卿。』庚子，以魏王继岌充西川四面行营都统，崇韬充东北面行营都招讨制置等使，军事悉以委之。又以荆南节度使高季兴充东南面行营都招讨使，凤翔节度使李继曮充都供军转运应接等使，同州节度使李令德充行营副招讨使，陕州节度使李绍琛充蕃汉马步军都排陈斩斫使兼马步军都指挥使，西京留守张筠充西川管内安抚应接使，华州节度使毛璋充左厢马步都虞候，邠州节度使董璋充右厢马步都虞候，客省使李严充西川管内招抚使，将兵六万伐蜀，仍诏季兴自取夔、忠、万三州为巡属。⑧都统置中军，以供奉官李从袭充中军马步都指挥监押，⑨高品李廷安、吕知柔充魏王府通谒。⑩辛丑，以工部尚书任圜、翰林学士李愚并参预都统军机。

【注释】

①溽暑：即湿热。②经费：指由租庸使所管理的属于外府的国家经费。③殂：对尊者死亡的称谓。④榜掠：亦称榜楚，鞭笞。⑤赐玉册、金印：吴越国王求赐玉册、金印事在同光二年十月。⑥孙、吴：指春秋战国时的两

位著名军事家孙武、吴起。⑦段凝：原梁朝北面招讨使，梁亡后降唐，改名为李绍钦。此处郭崇韬称其旧名，有轻蔑之意。⑧自取夔、忠、万三州为巡属：此三州在唐代本属荆南节度，唐末之乱，王建占据蜀地，遂将此三州并为己有。⑨供奉官：官名。对内侍阶官的称谓，有时也用以称中书、门下两省官及御史台官。⑩高品：内侍阶官名，由宦官担任。

自六月甲午雨，罕见日星，江河百川皆溢，凡七十五日乃霁。

郭崇韬以北都留守孟知祥有荐引旧恩，将行，言于上曰：『孟知祥信厚有谋，若得西川而求帅，无逾此人者。』又荐邺都副留守张宪谨重有识，可为相，戊申，大军西行。

蜀安重霸劝王承休请蜀主东游秦州。承休到官，即毁府署，作行宫，大兴力役，强取民间女子教歌舞，图形遗韩昭，使言于蜀主；又献花木图，盛称秦州山川土风之美。蜀主将如秦州，群臣谏者甚众，皆不听；王宗弼上表谏，蜀主投其表于地；太后涕泣不食，止之，亦不能得。前秦州节度判官蒲禹卿上表几二千言，其略曰：『先帝艰难创业，欲传之万世。陛下少长富贵，荒色惑酒。秦州人杂羌、胡，地多瘴疠，万众困于奔驰，郡县罢于供亿。凤翔久为仇雠，必生衅隙；唐国方通欢好，恐怀疑贰。①先皇未尝无故盘游，陛下率意频离宫阙。秦皇东狩，銮驾不还；炀帝南巡，龙舟不返。蜀都强盛，雄视邻邦，边亭无烽火之虞，境内有腹心之疾，百姓失业，盗贼公行。昔李势屈于桓温，刘禅降于邓艾，山河险固，不足凭恃。』韩昭谓禹卿曰：『吾收汝表，俟主上西归，当使狱吏字字问汝！』王承休妻严氏美，蜀主私焉，故锐意欲行。

冬，十月，排陈斩斫使李绍琛与李严将骁骑三千、步兵万人为前锋，招讨判官陈乂至宝鸡，称疾乞留。李愚厉声曰：『陈乂见利则进，惧难则止。今大军涉险，②人心易摇，宜斩以徇！』由是军中无敢顾望者。乂，蓟州人也。

癸亥，蜀主引兵数万发成都，甲子，至汉州。武兴节度使王承捷告唐兵西上，蜀主以为群臣同谋沮己，犹不信，大言曰：『吾方欲耀武。』遂东行。在道与群臣赋诗，殊不为意。

丁丑，李绍琛攻蜀威武城，蜀指挥使唐景思将兵出降；城使周彦禋等知不能守，亦降。景思，秦州人也。得城中粮二十万斛。③绍琛纵其败兵万余人逸去，因倍道趣凤州，李严飞书以谕王承捷。李继曮竭凤翔蓄积以馈军，不能充，人情忧恐。郭崇韬入散关，指其山曰：『吾辈进无成功，不复得还此矣。当尽力一决。今馈运将竭，宜先取凤州，因其粮。』诸将皆言蜀地险固，未可长驱，宜按兵观衅。崇韬以问李愚，愚曰：『蜀人苦其主荒淫，莫为之用。宜乘其人情崩离，风驱霆击，彼皆破胆，虽有险阻，谁与守之！兵势不可缓也。』是日李绍琛告秉，崇韬喜，谓李愚曰：『公料敌如此，吾复何忧！』乃倍道而进。戊寅，王承捷以凤、兴、文、扶四州印节迎降，[4]得兵八千，粮四十万斛。崇韬曰：『平蜀必矣！』即以都统牒命承捷摄武兴节度使。

己卯，蜀主至利州，威武败卒奔还，始信唐兵之来。王宗弼、宋光嗣言于蜀主曰：『东川、山南兵力尚完，[5]陛下但以大军扼利州，唐人安敢悬兵深入！』从之。庚辰，以随驾清道指挥使王宗勋、王宗俨、兼侍中王宗昱为三招讨，将兵三万逆战。从驾兵自绵、汉至深渡，千里相属，皆怨愤，曰：『龙武军粮赐倍于它军，它军安能御敌！』

李绍琛等过长举，兴州都指挥使程奉琏将所部兵五百来降，且请先治桥栈以俟唐军，由是军行无险阻之虞。辛巳，兴州刺史王承鉴弃城走，绍琛等克兴州，郭崇韬以唐景思摄兴州刺史。[6]乙酉，成州刺史王承朴弃城走。李绍琛等与蜀三招讨战于三泉，[7]蜀兵大败，斩首五千级，余众溃走。又得粮十五万斛于三泉，由是军食优足。

戊子，葬贞简太后于坤陵。

蜀主闻王宗勋等败，自利州倍道西走，断桔柏津浮梁，[8]使中书令、判六军诸卫事王宗弼将大军守利州，且令斩王宗勋等三招讨。

李绍琛昼夜兼行趣利州。蜀武德留后宋光葆遗郭崇韬书，『请唐兵不入境，当举巡属内附；苟不如约，则背城决战以报本朝。』崇韬复书抚纳之。己丑，魏王继岌至兴州，光葆以梓、绵、剑、龙、普五州，武定节度使王承肇以洋、蓬、壁三州，山南节度使兼侍中王宗威以梁、开、通、渠、麟五州，阶州刺史王承岳以阶州，皆降。承肇，宗侃之子也。自余城镇皆望风款附。

天雄节度使王承休与副使安重霸谋掩击唐军，重霸曰：『击之不胜，则大事去矣。蜀中精兵十万，天下险固，唐兵虽勇，安能直度剑门邪！然公受国恩，闻难不可不赴，愿与公俱西。』[9]承休素亲信之，以为然。重霸请赂羌人买文、扶州路以归；承休从之，使重霸将龙武军及所募兵万二千人以从。将行，州人饯于城外。承休上道，重霸拜于马前曰：『国家竭力以得秦、陇，若从开府还朝，谁当守之！开府行矣，重霸请为公留守。』承休业已上道，无如之何，遂与招讨副使王宗奭自文、扶而南。其地皆不毛，羌人抄之，且战且行，士卒冻馁，比至茂州，余众二千而已。重霸遂以秦、陇来降。

高季兴常欲取三峡，畏蜀峡路招讨使张武威名，不敢进。至是，乘唐兵势，使其子行军司马从诲权军府事，自将水军上峡取施州。张武以铁锁断江路，季兴遣勇士乘舟斫之。会风大起，舟絓于锁，[10]不能进退，矢石交下，坏其战舰，季兴轻舟遁去。既而闻北路陷败，[11]以夔、忠、万三州遣使诣魏王降。

郭崇韬遗王宗弼等书，为陈利害；李绍琛未至利州，宗弼弃城引兵西归。王宗勋等三招讨追及宗弼于白芀，[12]宗弼怀中探诏书示之曰：『宋光嗣令我杀尔曹。』因相持而泣，遂合谋送款于唐。

【注释】

①恐怀疑贰：指无故举兵东进，会引起后唐怀疑，招致战争。②大军涉险：从宝鸡入散关，涉栈阁之险，开始了艰难的行程。③斛：本为量器名，常作容量单位，古代多以十斗为一斛。④四州印节：即四州州印和武兴节度使印及其旌节。⑤东川、山南：唐代旧方镇的简称。这里东川指梓、遂等州，山南指兴、元等州。⑥摄：任宦称谓。⑦三泉：县名。今陕西宁强。⑧桔柏津：在今四川广元西南嘉陵江、白龙江合流处。⑨与公俱西：指自秦州向赶赴成都。⑩絓：受阻、绊住。⑪北路陷败：指武德、武定等节度使降后唐。⑫白芀：地名。今四川金堂境内。

庄宗光圣神闵孝皇帝下

同光三年 十一月，丙申，蜀主至成都，百官及后宫迎于七里亭。蜀主入妃嫔中作回鹘队入宫。丁酉，出见群臣于文明殿，泣下沾襟，君臣相视，竟无一言以救国患。

戊戌，李绍琛至利州，修桔柏浮梁。昭武节度使林思谔先弃城奔阆州，遣使请降。甲辰，魏王继岌至剑州，蜀武信节度使兼中书令王宗寿以遂、合、渝、泸、昌五州降。①

王宗弼至成都，登大玄门，严兵自卫。蜀主及太后自往劳之，宗弼骄慢无复臣礼。乙巳，劫迁蜀主及太后后宫诸王于西宫，收其玺绶，使亲吏于义兴门邀取内库金帛，悉归其家。其子承涓杖剑入宫，取蜀主宠姬数人以归。丙午，宗弼自称权西川兵马留后。

李绍琛进至绵州，仓库民居已为蜀兵所燔，又断绵江浮梁，水深，无舟楫可渡，绍琛谓李严曰：『吾悬军深入，利在速战。乘蜀人破胆之时，但得百骑过鹿头关，②彼且迎降不暇；若俟修缮桥梁，必留数日，或教王衍坚守近关，③折吾兵势，倘延旬浃，则胜负未可知矣。』乃与严乘马浮渡江，从兵得济者仅千人，溺死者亦千余人，遂入鹿关头；丁未，进据汉州；居三日，后军始至。

王宗弼遣使以币马牛酒劳军，且以蜀主书遗李严曰：『公来吾即降。』或谓严：『公首建伐蜀之策，蜀人怨公深入骨髓，不可往。』严不从，欣然驰入成都，抚谕吏民，告以大军继至，蜀君臣后宫皆恸哭。蜀主引严见太后，以母妻为托。宗弼犹乘城为守备，严悉命撤去楼橹。

己酉，魏王继岌至绵州，蜀主命翰林学士李昊草降表，又命中书侍郎、同平章事王锴草降书，④遣兵部侍郎欧阳彬奉之以迎继岌及郭崇韬。

王宗弼称蜀君臣久欲归命，而内枢密使宋光嗣、景润澄、宣徽使李周辂、欧阳晃荧惑蜀主；皆斩之，函首送继岌。又责文思殿大学士、礼部尚书、成都尹韩昭佞谀，枭于金马坊门。⑤内外马步都指挥使兼中书令徐延琼、果州团练使潘在迎、嘉州刺史顾在珣及诸贵戚皆惶恐，倾其家金帛妓妾以赂宗弼，仅得免死。凡素所不快者，宗弼皆杀之。

辛亥，继岌至德阳。宗弼遣使奉笺，称已迁蜀主于西第，⑥安抚军城，以俟王师。又使其子承班以蜀主后宫及珍玩赂继岌及郭崇韬，求西川节度使，继岌曰：『此皆我家物，奚以献为！』留其物而遣之。

李绍琛留汉州八日以俟都统，[7]甲寅，继岌至汉州，王宗弼迎谒；乙卯，至成都。丙辰，李严引蜀主及百官仪卫出降于升迁桥，蜀主白衣、衔璧、牵羊，草绳萦首，百官衰绖、徒跣、舆榇，[8]号哭俟命。继岌受璧，崇韬解缚，焚榇，承制释罪；君臣东北向拜谢。丁巳，大军入成都。崇韬禁军士侵掠，市不改肆。自出师至克蜀，[9]凡七十日。得节度十，州六十四，县二百四十九，兵三万，铠仗、钱粮、金银、缯锦共以千万计。

高季兴闻蜀亡，方食，失匕箸，曰：『是老夫之过也。』梁震曰：『不足忧也。唐主得蜀益骄，亡无日矣，安知其不为吾福！』

楚王殷闻蜀亡，上表称：『臣已营衡麓之间为菟裘之地，愿上印绶以保余龄。』上优诏慰谕之。

【注释】①武信节度使：蜀置武信军治遂州，辖遂、合、渝、泸、昌五州。②鹿头关：今四川德阳东北鹿头山上。③王衍坚守近关：王衍即蜀主；近关指鹿头关。④降表、降书：降表上呈后唐皇帝，降书送达军前。⑤金马坊：地名。在成都城中，因有金马碧鸡祠，故以名坊。⑥西第：因其已奉表请降，所以不敢称西宫，但称西第。⑦都统：即魏王李继岌。⑧升迁桥：在成都北五里。榇：空棺为榇。⑨至克蜀句：自唐昭宗大顺二年（公元891年）王建取蜀，至后唐庄宗同光三年（公元925年）王衍降后唐，前蜀政权共存在三十四年。

平蜀之功，李绍琛为多，位在董璋上。而璋素与郭崇韬善，崇韬数召璋与议军事。绍琛心不平，谓璋曰：『吾有平蜀之功，公等朴樕相从，反呫嗫于郭公之门，[1]谋相倾害。吾为都将，独不能以军法斩公邪！』璋诉于崇韬。

十二月，崇韬表璋为东川节度使，解其军职。[2]绍琛愈怒，曰：『吾冒白刃，陵险阻，定两川，璋乃坐有之邪！』乃见崇韬言：『东川重地，任尚书有文武才。宜表为帅。』崇韬怒曰：『绍琛反邪，何敢违吾节度！』绍琛惧而退。

初，帝遣宦者李从袭等从魏王继岌伐蜀；继岌虽为都统，军中制置补署一出郭崇韬，崇韬终日决事，将吏宾客趋走盈庭，而都统府惟大将晨谒外，牙门索然，从袭等固耻之。及破蜀，蜀之贵臣大将争以宝货、妓乐遗崇韬及其子廷诲，魏王所得，不过匹马、束帛、唾壶、麈柄而已，[3]从袭等益不平。

王宗弼之自为西川留后也，赂崇韬求为节度使，崇韬阳许之。既而久未得，乃帅蜀人列状见继岌，请留崇韬镇蜀。从袭等因谓继岌曰：『郭公父子专横，今又使蜀人请己为帅，其志难测，王不可不为备。』继岌谓崇韬曰：『主上倚侍中如山岳，④不可离庙堂，岂肯弃元臣于蛮夷之域乎！且此非余之所敢知也，请诸人诣阙自陈。』由是继岌与崇韬互相疑。

会宋光葆自梓州来，诉王宗弼诬杀宋光嗣等。又，崇韬征犒军钱数万缗于宗弼，宗弼靳之，士卒怨怒，夜，纵火喧噪。崇韬欲诛宗弼以自明，己巳，白继岌收宗弼及王宗勋、王宗渥，皆数其不忠之罪，族诛之，籍没其家。蜀人争食宗弼之肉。

辛未，闽忠懿王审知卒，⑤子延翰自称威武留后。汀州民陈本聚众三万围汀州，延翰遣右军都监柳邕等将兵二万讨之。

癸酉，王承休、王宗汭至成都，魏王继岌诘之曰：『居大镇，拥强兵，何以不拒战？』对曰：『畏大王神武。』曰：『然则何不降？』对曰：『王师不入境。』曰：『所俱入羌者几人？』对曰：『万二千人。』曰：『今归者几人？』对曰：『二千人。』曰：『可以偿万人之死矣。』皆斩之，并其子。

丙子，以知北都留守事孟知祥为西川节度使、同平章事，促召赴洛阳。⑥帝议选北都留守，枢密承旨段徊等恶邺都留守张宪，不欲其在朝廷，皆曰：『北都非张宪不可。宪虽有宰相器，今国家新得中原，宰相在天子目前，事有得失，可以改更，比之此都独系一方安危，不为重也。』乃徙宪为太原尹，知北都留守事。以户部尚书王正言为兴唐尹，知邺都留守事。正言昏耄，帝以武德使史彦琼为邺都监军。彦琼，本伶人也，有宠于帝。魏、博等六州军旅金谷之政皆决于彦琼，威福自恣，陵忽将佐，自正言以下皆谄事之。

初，帝得魏州银枪效节都近八千人，以为亲军，皆勇悍无敌。夹河之战，实赖其用，屡立殊功，常许以灭梁之日大加赏赉。既而河南平，虽赏赉非一，而士卒恃功，骄恣无厌，更成怨望。是岁大饥多流亡，租赋不充，道路涂潦，漕辇艰涩，东都仓廪空竭，无以给军士。租庸使孔谦日于上东门外望诸州漕运，⑦至者随以给之。军士乏食，有雇妻鬻子者，老弱采蔬于野，百十为群，往往馁死，流言怨嗟，而帝游畋不息。己卯，猎于白沙，皇后、皇子、后宫毕从。庚辰，宿伊阙；辛巳，宿潭泊；壬午，宿龛涧；癸未，还宫。时大雪，吏座有僵仆于道路者。伊、汝间饥尤甚，卫兵所过，责其供饷，不得，则坏其什器，撤其室庐以为薪，甚于寇盗，县吏皆窜匿山谷。

有白龙见于汉宫；汉主改元白龙，更名曰龚。

长和骠信郑䏲遣其布燮郑昭淳求婚于汉，⑧汉主以女增城公主妻之。长和即唐之南诏也。

成德节度使李嗣源入朝。

闰月，己丑朔，孟知祥至洛阳，帝宠待甚厚。

帝以军储不足，谋于群臣，豆卢革以下皆莫知为计。吏部尚书李琪上疏，以为：『古者量入以为出，计农而发兵，故虽有水旱之灾而无匮乏之忧。近代税农以养兵，未有农富给而兵不足，农捐瘠而兵丰饱者也。今纵未能蠲省租税，苟除折纳、纽配之法，⑨农亦可以小休矣。』帝即敕有司如琪所言，然竟不能行。

丁酉，诏蜀朝所署官四品以上降授有差，五品以下才地无取者悉纵归田里；其先降及有功者，委崇韬随事奖任。又赐王衍诏，略曰：『固当袭土而封，必不薄人于险。三辰在上，一言不欺。』

庚子，彰武、保大节度使兼史书令高万兴卒，以其子保大留后允韬为彰武留后。

帝以军储不充，欲如汴州，谏官上言：『不如节俭以足用，自古无就食天子。今杨氏未灭，⑩不宜示以虚实。』乃止。

辛亥，立皇弟存美为邕王，存霸为永王，存礼为薛王，存渥为申王，存乂为睦王，存确为通王，存纪为雅王。

郭崇韬素疾宦官，尝密谓魏王继岌曰：『大王他日得天下，騬马亦不可乘，况任宦官！宜尽去之，专用士人。』吕知柔窃听，闻之，由是宦官皆切齿。

时成都虽下，而蜀中盗贼群起，布满山林。崇韬恐大军既去，更为后患，命任圜、张筠分道招讨，以是淹留未还。帝遣宦者向延嗣促之，崇韬不出郊迎，及见，礼节又倨，延嗣怒。李从袭谓延嗣曰：『魏王，太子也；主上万福，而郭公专权如是。郭廷诲拥徒出入，日与军中饶将、蜀土豪杰狎饮，指天画地，近闻白其父请表己为蜀帅；又言「蜀地富饶，大人宜善自为谋。」今诸军将校皆郭氏之党，王寄身于虎狼之口，一委有变，吾属不知委骨何地矣。』因相向垂涕。延嗣归，具以语刘后。后泣诉于帝，请早救继岌之死。

前此帝闻蜀人请崇韬为帅，已不平，至是闻延嗣之言，不能无疑。帝阅蜀府库之籍，曰：『人言蜀中珍货无算，何如是之微也？』延嗣曰：『臣闻蜀破，其珍货皆入于崇韬父子，崇韬有金万两，银四十万两，钱百万缗，名马千匹，他物称是，廷诲所取，复在其外；故县官所得不多耳。』⑪帝遂怒形于色。及孟知祥将行，帝语之曰：『闻郭崇韬有异志，卿到，为朕诛之。』知祥曰：『崇韬，国之勋旧，不宜有此。俟臣至蜀察之，苟无他志则遣还。』帝许之。

壬子，知祥发洛阳。帝寻复遣衣甲库使马彦珪驰诣成都观崇韬去就，⑫如奉诏班师则已，若有迁延跋扈之状，则与继岌图之。彦珪见皇后，说之曰：『臣见向延嗣言蜀中事势忧在朝夕，今上当断不断，夫成败之机，间不容发，安能缓急禀命于三千里外乎！』皇后复言于帝，帝曰：『传闻之言，未知虚实，岂可遽尔果决？』皇后不得请，退，自为教与继岌，令杀崇韬。知祥行至石壕，彦珪夜叩门宣诏，促知祥赴镇，知祥窃叹曰：『乱将作矣！』乃昼夜兼行。

初，楚王殷既得湖南，不征商旅，由是四方商旅辐凑。湖南地多铅铁，殷用军都判官高郁策，铸铅铁为钱，商旅出境，无所用之，皆易他货而去，故能以境内所余之物易天下百货，国以富饶。湖南民不事桑蚕，郁命民输税者皆以帛代钱，未几，民间机杼大盛。

吴越王镠遣使者沈镠致书，以受玉册，封吴越国王告于吴。吴人以其国名与己同，⑬不受书，遣镠还。仍戒境上无得通吴越使者及商旅。

【注释】

①朴樕：木名。小木、散材，此处比喻董璋是小材。呫嗫：低声细语的样子。②解其军职：解除董璋军职，以防止李绍琛以军法惩治他。③麈：麈尾的省称，即拂尘。④侍中：指郭崇韬，时郭氏任侍中。⑤审知：即王审知，五代时闽国的创立者。公元909～925年在位。字信通，光州固始人。⑥促召赴洛阳：促其先至洛阳，而后去成都赴任。⑦上东门：洛阳城东面三门之一。⑧骠信、布燮：长和国职官名。⑨折纳、纽配之法：折纳即是在货重钱轻之时，折价交纳实物；纽配即是纽数而科配。⑩杨氏：指吴国杨溥。⑪县官：近臣对皇帝的称呼。⑫衣甲库使：官名。为内诸司使之一。⑬以其国名与己同：嫌其地居越境而兼有吴国之名。

后晋纪

齐王上①

天福八年 春，正月，癸卯，蜀主以宣徽使兼宫苑使田敬全领永平节度使；敬全，宦者也，引前蜀王承休为比而命之，国人非之。

帝闻契丹将入寇，二月，己未，发邺都；乙丑，至东京。然犹与契丹问遗相往来，无虚月。

唐宣城王景达，刚毅开爽，烈祖爱之，屡欲以为嗣；②宋齐丘亟称其才，唐主以齐王璟年长而止。璟以是怨齐丘。

唐主幼子景逷，母种氏有宠，齐王璟母宋皇后稀得进见。唐主如璟宫，遇璟亲调乐器，大怒，诮让者数日。种氏乘间言，景逷虽幼而慧，可以为嗣。唐主怒曰：『子有过，父训之，常事也。国家大计，女子何得预知！』即命嫁之。

唐主尝梦吞灵丹，旦而方士史守冲献丹方，以为神而饵之，浸成躁急。左右谏，不听。尝以药赐李建勋，建勋曰：『臣饵之数日，已觉燥热，况多饵乎！』唐主曰：『朕服之久矣。』群臣奏事，往往暴怒；然或有正色论辨中理者，亦敛容慰谢而从之。

唐主问道士王栖霞：『何道可致太平？』对曰：『王者治心治身，乃治家国。今陛下尚未能去饥嗔、饱喜，何论太平！』宋后自帘中称叹，以为至言。凡唐主所赐予，栖霞皆不受。栖霞常为人奏章，唐主欲为之筑坛。辞曰：『国用方乏，何暇及此！俟焚章不化，③乃当奏请耳。』

驾部郎中冯延己，为齐王元帅府常书记，性倾巧，与宋齐丘及宣徽副使陈觉相结；同府在己上者，延己稍以计逐之。延己尝戏谓中书侍郎孙晟曰：『公有何能，为中书郎？』晟曰：『晟，山东鄙儒，文章不如公，诙谐不如公，谄诈不如公。然主上使公与齐王游处，盖欲以仁义辅导之也，岂但为声色狗马之友邪！晟诚无能；如公之能，适足为国家之祸耳。』延己，歙州人也。

又有魏岑者，亦在齐王府。给事中常梦锡屡言陈觉、冯延己、魏岑皆佞邪小人，不宜侍东宫；司门郎中判大理寺萧俨表称陈觉奸回乱政；唐主颇感悟，未及去。

会疽发背，秘不令人知，密令医治之，听政如故。庚午，疾亟，太医吴廷裕遣亲信召齐王璟入侍疾。唐主谓璟曰：『吾饵金石，始欲益寿，乃更伤生，汝宜戒之！』是夕，殂。秘不发丧，下制：『以齐王监国，大赦。』

孙晟恐冯延已等用事，欲称遗诏令太后临朝称制。翰林学士李贻业曰：『先帝尝云：「妇人预政，乱之本也。」安肯自为厉阶！④此必近习奸人之诈也。且嗣君春秋已长，明德著闻，公何得遽为亡国之言！若果宣行，吾必对百官毁之。』晟惧而止。贻业，蔚之从曾孙也。

丙子，始宣遗制。烈祖末年卞急，近臣多罹遣罚。陈觉称疾，累月不入，及宣遗诏，乃出。萧俨劾奏：『觉端居私室，以俟升遐，⑤请按其罪。』齐王不许。

自烈祖相吴，禁压良为贱，令买奴婢者通官作券。冯延已及弟礼部员外郎延鲁，俱在元帅府，草遗诏听民卖男女；意欲自买姬妾，萧俨驳曰：『此必延已等所为，非大行之命也。⑥昔延鲁为东都判官，已有此请；先帝访臣，臣对曰：「陛下昔为吴相，民有鬻男女者，为出府金，赎而归之，故远近归心。今即位而反之，使贫人之子为富人厮役，可乎？」先帝以为然，将治延鲁罪。臣以为延鲁愚，无足责。先帝斜封延鲁章，抹三笔，持入宫。请求诸宫中，必尚在。』齐王命取先帝时留中章奏千余道，⑦皆斜封一抹，果得延鲁疏。然以遗诏已行，竟不之改。

闽富沙王延政称帝于建州，国号大殷，大赦，改元天德。以将乐县为镛州，延平镇为镡州。立皇后张氏。以节度判官潘承祐为吏部尚书，节度巡官建阳杨思恭为兵部尚书。未几，以承祐同平章事，思恭迁仆射，录军国事。延政服赭袍视事，然牙参及接邻国使者，犹如藩镇礼。殷国小民贫，军旅不息。杨思恭以善聚敛得幸，增田亩山泽之税，至于鱼盐蔬果，无不倍征，国人谓之『杨剥皮』。

【注释】

①齐王：即后晋出帝石重贵，后晋高祖石敬瑭兄石敬儒之子，公元942年即位。②烈祖：即南唐国主李昪，庙号为烈祖。③焚章不化：道士代人向上天上奏章，焚章不化指已感应天帝。④厉阶：祸端。⑤升遐：用来代指帝王之死。⑥大行：自汉代以后，皇帝去世，梓宫在殡，尚未安葬，称为大行皇帝。⑦留中章奏：即留滞禁中不下行的章奏，多为内容不可行者；若可行，即付外施行而不留中。

三月，己卯朔，以中书令赵莹为晋昌节度使兼中书令；以晋昌节度使兼侍中桑维翰为侍中。

唐元宗即位，①大赦，改元保大。秘书郎韩熙载请俟逾年改元，不从。尊皇后曰皇太后，立妃钟氏为皇后。

唐主未听政，[2]冯延己屡入白事，一日至数四。唐主曰：『书记有常职，[3]何为如是其烦也！』

唐主为人谦谨，初即位，不名大臣，数延公卿论政体，李建勋谓人曰：『主上宽仁大度，优于先帝；但性习未定，苟旁无正人，但恐不能守先帝之业耳。』

唐主以镇南节度使宋齐丘为太保兼中书令，奉化节度使周宗为侍中。唐主以齐丘、宗先朝勋旧，故顺人望召为相，政事皆自决之。

徙寿王景遂为燕王，宣城王景达为鄂王。

初，唐主为齐王，知政事，每有过失，常梦锡常直言规正；始虽忿怼，终以谅直多之。及即位，许以为翰林学士，齐丘之党疾之，坐封驳制书，贬池州判官。池州多迁客，[4]节度使上蔡王彦俦，防制过甚，几不聊生，惟事梦锡如在朝廷。

宋齐丘待陈觉素厚，唐主亦以觉为有才，遂委任之。冯延己、延鲁、魏岑，虽齐邸旧僚，皆依附觉，与休宁查文徽更相汲引，侵蠹政事，唐人谓觉等为『五鬼』。延鲁自礼部员外郎迁中书舍人、勤政殿学士，[5]江州观察使杜昌业闻之，叹曰：『国家所以驱驾群臣，在官爵而已。若一言称旨，遽跻通显，后有立功者，何以赏之！』未几，唐主以岑及文徽皆为枢密副使。岑既得志，会觉遭母丧，岑即暴扬觉过恶，摈斥之。

唐置定远军于濠州。

汉殇帝骄奢，[6]不亲政事。高祖在殡，作乐酣饮；夜与倡妇微行，倮男女而观之。左右忤意辄死，无敢谏者；惟越王弘昌及内常侍番禺吴怀恩屡谏，不听。常猜忌诸弟，每宴集，令宦者守门，群臣、宗室，皆露索，然后入。

晋王弘熙欲图之，乃盛饰声伎，娱悦其意，以成其恶。汉主好手搏，弘熙令指挥使陈道庠引力士刘思潮、谭令禋、林少强、林少良、何昌廷等五人习手搏于晋府，[7]汉主闻而悦之。丙戌，与诸王宴于长春宫，观手搏，至夕罢宴，汉主大醉。弘熙使道庠、思潮等掖汉主，因拉杀之，尽杀其左右。

明旦，百官诸王莫敢入宫，越王弘昌帅诸弟临于寝殿，迎弘熙即皇帝位，更名晟，改元应乾。以弘昌为太尉兼中书令、诸道兵马都元帅，知政事，循王弘杲为副元帅，参预政事。陈道庠及刘思潮等皆受赏赐甚厚。

闽主曦纳金吾使尚保殷之女，立为贤妃。妃有殊色，曦嬖之；醉中，妃所欲杀则杀之，所欲宥则宥之。

夏，四月，戊申朔，日有食之。

唐以中书侍郎、同平章事李建勋为昭武节度使，镇抚州。

殷将陈望等攻闽福州，入其西郛，既而败归。

五月，殷吏部尚书、同平章事潘承祐上书陈十事，大指言：『兄弟相攻，逆伤天理，一也。赋敛烦重，力役无节，二也。发民为兵，羁旅愁怨，三也。杨思恭夺民衣食，使归怨于上，群臣莫敢言，四也。疆土狭隘，多置州县，⑧增吏困民，五也。除道裹粮，将攻临汀，曾不忧金陵、钱塘乘虚相袭，⑨六也。括高赀户，财多者补官，逋负者被刑，七也。延平诸津，征果菜鱼米，获利至微，敛怨甚大，八也。与唐、吴越为邻，即位以来，未尝通使，九也。宫室台榭，崇饰无度，十也。』殷王延政大怒，削承祐官爵，勒归私第。

汉中宗既立，⑩国中议论汹汹。循王弘杲请斩刘思潮等以谢中外，汉主不从。思潮等闻之，谮弘杲谋反，汉主令思潮等伺之。弘杲方宴客，思潮与谭令禋帅卫兵突入，斩弘杲。于是汉主谋尽诛诸弟，以越王弘昌贤而得众，尤忌之。雄武节度使齐王弘弼，自以居大镇，惧祸，求入朝；许之。

初，闽主曦侍康宗宴，⑪会新罗献宝剑，⑫康宗举以示同平章事王倓曰：『此何所施？』倓对曰：『斩为臣不忠者。』时曦己蓄异志，凛然变色。至是宴群臣，复有献剑者，曦命发倓冢，斩其尸。

校书郎陈光逸谓其友曰：『主上失德，亡无日矣，吾欲死谏。』其友止之，不从；上书陈曦大恶五十事。曦怒，命卫士鞭之数百，不死；以绳系其颈，悬诸庭树，久之乃绝。

秋，七月，己丑，诏以年饥，国用不足，分遣使者六十余人于诸道括民谷。

吴越王弘佐初立，上统军使阚璠强戾，排斥异己，弘佐不能制；内牙上都监使章德安数与之争，右都监使李文庆不附于璠，乙巳，贬德安于处州，文庆于睦州。璠与右统军使胡进思益专横。璠，明州人；文庆，睦州人；进思，湖州人也。

唐主缘烈祖意，以天雄节度使兼中书令、金陵尹燕王景遂为诸道兵马元帅，徙封齐王，居东宫；天平节度使、守侍中、东都留守鄂王景达为副元帅，徙封燕王；宣告中外，约以传位。立长子弘冀为南昌王。景遂、景达固辞，不许。景遂自誓必不敢为嗣，更其字曰退身。

汉指挥使万景忻败张遇贤于循州。遇贤告于神，神曰：『取虔州，则大事可成。』遇贤帅众逾岭，趣虔州。唐百胜节度使贾匡浩不为备，遇贤众十余万攻陷诸县，再败州兵，城门昼闭。遇贤作宫室营署于白云洞，遣将四出剽掠。匡浩，公铎之子也。⑬

八月，乙卯，唐主立弟景遏为保宁王。宋太后怨种夫人，屡欲害景遏，唐主力保全之。

夏州牙内指挥使拓跋崇斌谋作乱，绥州刺史李彝敏将助之，事觉；辛未，彝敏弃州，与其弟彝俊等五人奔延州。

九月，尊帝母秦国夫人安氏为皇太妃。妃，代北人也。帝事太后、太妃甚谨，多侍食于其宫，待诸弟亦友爱。

初，河阳牙将乔荣从赵延寿入契丹，契丹以为回图使，⑭往来贩易于晋，置邸大梁。及契丹与晋有隙，景延广说帝囚荣于狱，悉取邸中之货。凡契丹之人贩易在晋境者，皆杀之，夺其货。大臣皆言契丹有大功⑮，不可负。戊子，释荣，慰赐而归之。

荣辞延广，延广大言曰：『归语而主，先帝为北朝所立，故称臣奉表。今上乃中国所立，所以降志于北朝者，正以不敢忘先帝盟约故耳。为邻称孙，足矣，无称臣之理。北朝皇帝勿信赵延寿诳诱，轻侮中国。中国士马，尔所目睹。翁怒则来战，孙有十万横磨剑，足以相待。它日为孙所败，取笑天下，毋悔也！』荣自以亡失货财，恐归获罪，且欲为异时据验，乃曰：『公所言颇多，惧有遗忘，愿记之纸墨。』延广命吏书其语以授之，荣具以白契丹主。契丹主大怒，入寇之志始决。晋使如契丹，皆絷之幽州，不得见。

桑维翰屡请逊辞以谢契丹，每为延广所沮。帝以延广为有定策功，故宠冠群臣；又总宿卫兵，故大臣莫能与之争。河东节度使刘知远，知延广必致寇，而畏其方用事，不敢言，但益募兵，奏置兴捷、武节等十余军以备契丹。

甲午，定难节度使李彝殷奏李彝敏作乱之状，诏执彝敏送夏州，斩之。

【注释】

①唐元宗：即南唐元宗李璟（公元916～961年），初名徐景通，后改为李璟，又改为李景。②唐主未听政：因其居丧之期未满，不能临朝听政。③书记：指冯延己，当时冯为齐王元帅府掌书记，故称。④迁客：因获罪被降任于外州的人，当地人就称他们为『迁客』。⑤勤政殿学士：南唐烈祖李昪所设置，类似于中原王朝的端明殿学士。⑥汉殇帝：即南汉国主刘玢。汉主刘长子。即位一年，即于公元942年为其弟刘晟所杀，谥号殇帝。⑦晋府：即刘弘熙的晋王府第。⑧多置州县：指将乐县改为镛州，延平镇入镡州。⑨金陵、钱塘：这里代指南唐和吴越两国。⑩汉中宗：

即南汉国主刘晟，其庙号为中宗。⑪康宗：即闽主王昶，其庙号为康宗。⑫新罗：朝鲜古国名。曾与百济、高句丽三足鼎立，七世纪中叶灭此两国，统一半岛大部，后衰落。公元935年为王氏高丽所取代。书中此处称『新罗』，是用其旧称。⑬公铎：即贾公铎。⑭回图使：官名。主管中原地区的贸易。⑮契丹有大功：指其解救晋阳之围及帮助石敬瑭即位称帝。

冬，十月，戊申，立吴国夫人冯氏为皇后。

初，高祖爱少弟重胤，养以为子；及留守邺都，娶副留守安喜冯濛女为其妇。重胤早卒，冯夫人寡居，有美色，帝见而悦之；高祖崩，梓宫在殡，帝遂纳之。群臣皆贺，帝谓冯道等曰：『皇太后之命，与卿等不任大庆。』[1]群臣出，帝与夫人酣饮，过梓宫前，醊而告曰：[2]『皇太后之命，与先帝不任大庆。』左右失笑，帝亦自笑，顾谓左右曰：『我今日作新婿，何如？』夫人与左右皆大笑。太后虽恚，而无如之何。

既正位中宫，颇预政事。后兄玉，时为礼部郎中、盐铁判官，帝骤擢用至端明殿学士、户部侍郎，与议政事。

汉主命韶王弘雅致仕。

唐主遣洪州营屯都虞候严恩将兵讨张遇贤，以通事舍人金陵边镐为监军。镐用虔州人白昌裕为谋主，击张遇贤，屡破之。遇贤祷于神，神不复言，其徒大惧。昌裕劝镐伐木开道，出其营后袭之，遇贤弃众奔别将李台。台知神无验，执遇贤以降，斩于金陵市。

十一月，丁亥，汉主祀南郊，大赦，改元乾和。

戊子，吴越王弘佐纳妃仰氏，仁诠之女也。

初，高祖以马三百借平卢节度使杨光远，景延广以诏命取之。光远怒曰：『是疑我也。』密召其子单州刺史承祚，戊戌，承祚称母病，夜，开门奔青州。庚子，以左飞龙使金城何超权知单州。遣内班赐[3]光远玉带、御马、金帛，以安其意。

壬寅，遣侍卫步军都指挥使郭谨将兵戍郓州。[4]

唐葬光文肃武孝高皇帝于永陵，唐号烈祖。

十二月，乙巳朔，遣左领军卫将军蔡行遇将兵戍郓州。杨光远遣骑兵入淄州，劫刺史翟进宗归于青州。甲寅，徙杨承祚为登州刺史以从其便。⑤

光远益骄，密告契丹，以晋主负德违盟，境内大饥，公私困竭，乘此际攻之，一举可取；赵延寿亦劝之。契丹主乃集山后及卢龙兵合五万人，⑥使延寿将之，委延寿经略中国，曰：『若得之，当立汝为帝。』又常指延寿谓晋人曰：『此汝主也。』延寿信之，由是为契丹尽力，画取中国之策。朝廷颇闻其谋，丙辰，遣使城南乐及德清军，⑦征近道兵以备之。

唐侍中周宗年老，恭谨自守，中书令宋齐丘广树朋党，百计倾之。宗泣诉于唐主，唐主由是薄齐丘。既而陈觉被疏，乃出齐丘为镇海节度使。齐丘忿怼，表乞归九华旧隐，⑧唐主知其诈，一表，即从之，赐书曰：『今日之行，昔时相许。朕实知公，故不夺公志。』仍赐号九华先生，封青阳公，食一县租税。齐丘乃治大第于青阳，⑨服御将吏，皆如王公，而愤邑尤甚。

宁州酋长莫彦殊以所部温那等十八州附于楚；其州无官府，惟立牌于冈阜，略以恩威羁縻而已。

是岁，春夏旱，秋冬水，蝗大起，东自海壖，西距陇坻，⑩南逾江、湖，北抵幽蓟，原野、山谷、城郭、庐舍皆满，竹木叶俱尽。重以官括民谷，使者督责严急，至封碓硙，不留其食，有坐匿谷抵死者。县令往往以督趣不办，纳印自劾去。民馁死者数十万口，流亡不可胜数。于是留守、节度使下至将军，各献马、金、帛、刍粟以助国。

朝廷以恒、定饥甚，独不括民谷。顺国节度使杜威奏称军食不足，⑪请如诸州例，许之。威用判官王绪谋，检索殆尽，得百万斛。威止奏三十万斛，余皆入其家；又令判官李沼称贷于民，复满百万斛，来春粜之，得缗钱二百万，阖境苦之。定州吏欲援例为奏，义武节度使马全节不许，曰：『吾为观察使，⑫职在养民，岂忍效彼所为乎！』

楚地多产金银，茶利尤厚，由是财货丰殖。而楚王希范，奢欲无厌，喜自夸大。为长枪大槊，饰之以金，可执而不可用。募富民年少肥泽者八千人，为银枪都。宫室、园囿、服用之物，务穷侈靡。作九龙殿，刻沈香为八龙，饰以金宝，长十余丈，抱柱相向；希范居其中，自为一龙，其幞头脚长丈余，⑬以象龙角。

用度不足，重为赋敛。每遣使者行田，专以增顷亩为功，民不胜租赋而逃。王曰：『但令田在，何忧无谷！』命营田使邓懿文籍逃田，募民耕艺出租。民舍故从新，仅能自存，自西徂东，各失其业。又听人入财拜官，以财多少为官高卑之差。富商大贾，布在列位。外官还者，必责贡献。民有罪，则富者输财，强者为兵，惟贫弱受刑。又置函，使人投匿名书相告讦，至有灭族者。

是岁，用孔目官周陟议，令常税之外，大县贡米二千斛，中千斛，小七百斛；无米者输布帛。天策学士拓跋恒上书曰：『殿下长深宫之中，藉已成之业，身不知稼穑之劳，耳不闻鼓鼙之音，[14]驰骋遨游，雕墙玉食。府库尽矣，而浮费益甚；百姓困矣，而厚敛不息。今淮南为仇雠之国，番禺怀吞噬之志，荆渚日图窥伺，溪洞待我姑息。[15]谚曰：「足寒伤心，民怨伤国。」愿罢输米之令，诛周陟以谢郡县，去不急之务，减兴作之役。无令一旦祸败，为四方所笑。』王大怒。他日，恒请见，辞以昼寝。恒谓客将区弘练曰：『王逞欲而愎谏，吾见其千口飘零无日矣。』王益怒，遂终身不复见之。

闽主曦嫁其女，取班簿阅视之，[16]朝士有不贺者十二人，皆杖之于朝堂。以御史中丞刘赞不举劾，亦将杖之，赞义不受辱，欲自杀。谏议大夫郑元弼谏曰：『古者刑不上大夫，中丞仪刑百僚，岂宜加之棰楚！』曦正色曰：『卿欲效魏征邪？』元弼曰：『臣以陛下为唐太宗，故敢效魏征。』曦怒稍解，乃释赞，赞竟以忧卒。

【注释】

①大庆：指其成婚之礼。②醊：祭奠时用酒酹地。③内班：指宦官。④将兵戍郓州：目的是把守黄河渡口，使杨光远不得与契丹相连结。⑤以从其使：登州为平卢节度使辖属，即让杨承祚为其父属下，故称『以从其使』。⑥山后：为太行山、都军山、燕山以北地区的统称，这里主要指妫、檀、云、应等州。⑦德清军：方镇名。今河南浚县北。⑧九华旧隐：宋齐丘隐于九华山。⑨青阳：县名。今安徽青阳。⑩陇坻：地域名。今陕西陇县，宝鸡和甘肃清水、张家川之间，北入沙漠，南至谓河。⑪杜威：即杜重威，因平定安重荣有功，被任命为顺国节度使，为避出帝名讳，去『重』字，改为现名。⑫吾为观察使：马全节为节度使兼观察使，兵民兼掌，故称。⑬襆头：头饰的一种。即头巾。⑭鼓鼙之音：指战场搏杀的声音。⑮淮南、番禺、荆渚、溪洞：淮南指南唐；番禺指南汉；荆渚指荆南；溪洞指彭、莫诸部族。⑯班簿：朝廷朝拜人员的姓名和人数的登记簿。

开运元年[1]春，正月，乙亥，边藩驰告：『契丹前锋将赵延寿、赵延照将兵五万入寇，逼贝州。』延照，思温之子也。

先是朝廷以贝州水陆要冲，多聚刍粟，为大军数年之储，以备契丹。军校邵珂，性凶悖，永清节度使王令温黜之。[2]珂怨望，密遣人亡入契丹，言『贝州粟多而兵弱，易取也。』会令温入朝，执政以前复州防御使吴峦权知州事。峦至，推诚抚士；会契丹入寇，峦书生，无爪牙，珂自请，愿效死，峦使将兵守南门，峦自守东门。契丹主自攻贝州，峦悉力拒之，烧其攻具殆尽。己卯，契丹复攻城，珂引契丹自南门入，峦赴井死。契丹遂陷贝州，所杀且万人。

庚辰，以归德节度使高行周为北面行营都部署，以河阳节度使符彦卿为马军左厢排陈使，以右神武统军丘甫遇为马军右厢排陈使，以陕府节度使王周为步军左厢排陈使，以左羽林将军潘环为步军右厢排陈使。

太原奏契丹入雁门关。恒、邢、沧皆奏契丹入寇。

成德节度使杜威遣幕僚曹光裔诣杨光远，[3]为陈祸福，光远遣光裔入奏，称：『承祚逃归，[4]母疾故尔。既蒙恩宥，阖族荷恩。』朝廷信其言，遣使与光裔复往慰谕之。

唐以侍中周宗为镇南节度使，左仆射兼门下侍郎、同平章事张居咏为镇海节度使。

唐主决欲传位于齐、燕二王。翰林学士冯延已等因之欲隔绝中外以擅权。辛巳，敕：『齐王景遂参决庶政，百官惟枢密副使魏岑、查文徽得白事，余非召对不得见。』国人大骇。给事中萧俨上疏极论，不报。侍卫都虞候贾崇叩阁求见，曰：『臣事先帝三十年，观其延接疏远，孜孜不怠，下情犹有不通者。陛下新即位，所任者何人，而顿与群臣谢绝？臣老矣，不复得奉颜色。』因涕泗呜咽。唐主感悟，遽收前敕。

唐主于宫中作高楼，召侍臣观之，众皆叹美。萧俨曰：『恨楼下无井。』唐主问其故。对曰：『以此不及景阳楼耳。』[5]唐主怒，贬于舒州，观察使孙晟遣兵防之，俨曰：『俨以谏诤得罪，非有它志。昔顾命之际，君几危社稷，[6]其罪顾不重于俨乎？今日反见防邪！』晟惭惧，遽罢之。

帝遣使持书遗契丹，契丹已屯邺都，不得通而返。

壬午，以侍卫马步都指挥使景延广为御营使，前靖难节度使李周为东京留守。是日，高行周以前军先发。时用兵方略号令皆出延广，宰相以下皆无所预；延广乘势使气，陵侮诸将，虽天子亦不能制。

乙酉，帝发东京。丁亥，滑州奏契丹至黎阳。戊子，帝至澶州。

契丹主屯元城，赵延寿屯南乐；以延寿为魏博节度使，封魏王。

契丹寇太原，刘知远与白承福合兵二万击之。甲午，以知远为幽州道行营招讨使，杜威为副使，马全节为都虞候。

丙申，遣右武卫上将军张彦泽等将兵拒契丹于黎阳。

戊戌，蜀主复以将相遥领节度使。

帝复遣译者孟守忠致书于契丹，求修旧好。契丹主复书曰：『已成之势，不可改也。』

辛丑，太原奏破契丹伟王于秀容，斩首三千级。契丹自鸦鸣谷遁去。

殷铸天德通宝大铁钱，⑦一当百。

唐主遣使遗闽主曦及殷主延政书，责以兄弟寻戈。曦复书，引周公诛管、蔡，唐□诛建成、元吉为比。⑧延政复书，斥唐主夺杨氏国。唐主怒，遂与殷绝。

天平节度副使、知郓州颜衎遣观察判官窦仪奏：『博州刺史周儒以城降契丹，又与杨光远通使往还，引契丹自马家口济河，擒左武卫将军蔡行遇。』仪谓景延广曰：『虏若济河与光远合，则河南危矣。』延广然之。仪，蓟州人也。

【注释】

①开运：后晋出帝石重贵年号，共三年，即公元944～946年。②永清：今河北清河。③成德节度使：当为『顺国节度使』。后晋自平定安重荣之后，即改成德军为顺国军。④承祚逃归：指杨承祚去年十一月自单州逃归青州。⑤景阳楼：南朝陈后主建有景阳楼，隋兵来到时，他自投楼下井中。⑥君几危社稷：指南唐烈祖死后，孙晟曾让皇太后临朝称制。⑦天德：殷主王延政年号，公元943～945年。⑧唐□：原文缺字，一本空格作『太宗』二字。

齐王中

开运元年　二月，甲辰朔，命前保义节度使石赟守麻家口，前威胜节度使何重建守杨刘镇，护圣都指挥使白再荣守马家口，西京留守安彦威守河阳。①未几，周儒引契丹将麻答自马家口济河，营于东岸，攻郓州北津以应杨光远。麻答，契丹主之从弟也。

乙巳，遣侍卫马军都指挥使、义成节度使李守贞、神武统军皇甫遇、陈州防御使梁汉璋、怀州刺史薛怀让将兵万人，缘河水陆俱进。守贞，河阳；汉璋，应州；怀让，太原人也。

丙午，契丹围高行周、符彦卿及先锋指挥使石公霸于戚城。先是景延广令诸将分地而守，无得相救。行周等告急，延广徐白帝，帝自将救之。契丹解去，三将泣诉救兵之缓，几不免。

戊申，李守贞等至马家口。契丹遣步卒万人筑垒，散骑兵于其外，余兵数万屯河西，船数十艘渡兵，未已，晋兵薄之，契丹骑兵退走，晋兵进攻其垒，拔之。契丹大败，乘马赴河溺死者数千人，俘斩亦数千人。河西之兵恸哭而去，由是不敢复东。

辛亥，定难节度使李彝殷奏将兵四万自麟州济河，侵契丹之境。壬子，以彝殷为契丹西南面招讨使。初，契丹主得贝州、博州，皆抚尉其人，或拜官赐服章。及败于戚城及马家口，忿恚，所得民，皆杀之，得军士，燔炙之。由是晋人愤怒，戮力争奋。

杨光远将青州兵欲西会契丹。戊午，诏石赟分兵屯郓州以备之。②

诏刘知远将部兵自土门出恒州击契丹，又诏会杜威、马全节于邢州。知远引兵屯乐平不进。

帝居丧期年，即于宫中奏细声女乐。③及出师，常令左右奏三弦琵琶，和以羌笛，击鼓歌舞，曰：『此非乐也。』

庚申，百官表请听乐，诏不许。

壬戌，杨光远围棣州，刺史李琼出兵击败之，光远烧营走还青州。癸亥，以前威胜节度使何重建为东面马步都部署，将兵屯郓州。

阶、成义军指挥使王君怀帅所部千余人叛降蜀，请为乡导以取阶、成。甲子，蜀人攻阶州。

契丹伪弃元城去，伏精骑于古顿丘城，以俟晋军与恒、定之兵合而击之。邺都留守张从恩屡奏虏已遁去；大军欲进追之，会霖雨而止。契丹设伏旬日，人马饥疲。赵延寿曰：『晋军悉在河上，畏我锋锐，必不敢前，不如即其城下，四合攻之，夺其浮梁，[4]则天下定矣。』契丹主从之。三月，癸酉朔，自将兵十余万陈于澶州城北，东西横掩城之两隅，登城望之，不见其际。高行周前军在戚城之南，与契丹战，自午至晡，互有胜负。契丹主以精兵当中军而来，帝亦出陈以待之。契丹主望见晋军之盛，谓左右曰：『杨光远言晋兵半已馁死，今何其多也！』以精骑左右略陈，晋军不动，万弩齐发，飞矢蔽地。契丹稍却；又攻晋陈之东偏，不克。苦战至暮，两军死者不可胜数。昏后，契丹引去，营于三十里之外。

乙亥，契丹主帐下小校窃其马亡来，云契丹已传木书，[5]收军北去。景延广疑其诈，闭壁不敢追。

【注释】①麻家口、杨刘镇，马家口、河阳：此四处均为黄河一线军事要地。②石赟分兵屯郓州：当时石赟屯麻家口。③细声女乐：即轻奏乐舞，不敢让声闻于外，过于放肆。④夺其浮梁：指夺后晋所戍守的澶州德胜渡黄河浮桥。⑤木书：即书之于木作为信契。

汉主命中书令、都元帅越王弘昌谒烈宗陵于海曲，[1]至昌华宫，使盗杀之。

契丹主自澶州北分为两军，一出沧、德，一出深、冀而归。所过焚掠，方广千里，民物殆尽。留赵延照为贝州留后。

麻答陷德州，擒刺史尹居璠。

闽拱宸都指挥使朱文进，阁门使连重遇，既弑康宗，常惧国人之讨，相与结婚以自固。闽主曦果于诛杀，尝游西园，因醉杀控鹤指挥使魏从朗。从朗，朱、连之党也。又尝酒酣诵白居易诗云：『惟有人心相对间，咫尺之情不能料。』因举酒属二人。二人起，流涕再拜，曰：『臣子事君父，安有他志！』曦不应。二人大惧。

李后妒尚贤妃之宠，欲弑曦而立其子亚澄，使人告二人曰：『主人殊不平于二公，奈何？』

会后父李真有疾，乙酉，曦如真第问疾。文进、重遇使拱宸马步使钱达弑曦于马上，召百官集朝堂，告之曰：『太祖昭武皇帝，[2]光启闽国，今子孙淫虐，荒坠厥绪。天厌王氏，宜更择有德者立之。』众莫敢言。重遇乃推文进升殿，被衮冕，帅群臣北面再拜称臣。文进自称闽主，悉收王氏宗族延喜以下少长五十余人，皆杀之。葬闽主曦，谥曰睿文广武明圣元德隆道大孝皇帝，庙号景宗。以重遇总六军。礼部尚书、判三司郑元弼抗辞不屈，黜归田里，将奔建州，文进杀之。文进下令，出宫人，罢营造，以反曦之政。

殷主延政遣统军使吴成义将兵讨文进，不克。

文进加枢密使鲍思润同平章事，以羽林统军使黄绍颇为泉州刺史，左军使程文纬为漳州刺史。汀州刺史同安许文稹，举郡降之。

丁亥，诏太原、恒、安兵各还本镇。③

辛卯，马全节攻契丹泰州，拔之。

敕天下籍乡兵，每七户共出兵械资一卒。

秦州兵救阶州，出黄阶岭，败蜀兵于西平。

汉以户部侍郎陈偓同平章事。

夏，四月，丁未，缘河巡检使梁进以乡社兵复取德州。④己酉，命归德节度使高行周、保义节度使王周留镇澶州。

庚戌，帝发澶州；甲寅，至大梁。

侍卫马步都指挥使、天平节度使、同平章事景延广，既为上下所恶，⑤帝亦惮其不逊难制；桑维翰引其不救戚城之罪，辛酉，加延广兼侍中，出为西京留守。以归德节度使兼侍中高行周为侍卫马步都指挥使。延广郁郁不得志，见契丹强盛，始忧国破身危，遂日夜纵酒。

朝廷因契丹入寇，国用愈竭，复遣使者三十六人分道括率民财，各封剑以授之。⑥使者多从吏卒，携锁械、刀仗入民家，小大惊惧，求死无地。州县吏复因缘为奸。

河南府出缗钱二十万，景延广率三十七万。留守判官河南卢亿言于延广曰：『公位兼将相，富贵极矣。今国家不幸，府库空竭，不得已取于民。公何忍复因而求利，为子孙之累乎！』延广惭而止。

先是，诏以杨光远叛，命兖州修守备。⑦泰宁节度使安审信，以治楼堞为名，率民财以实私藏。大理卿张仁愿为括率使，至兖州，赋缗钱十万。值审信不在，拘其守藏吏，指取钱一囷，已满其数。

戊寅，命侍卫马步军都虞候、泰宁节度使李守贞将步骑二万讨杨光远于青州，[8]又遣神武统军洛阳潘环及张彦泽等将兵屯澶州，以备契丹。契丹遣兵救青州，齐州防御使堂阳薛可言邀击，败之。

丙戌，诏诸州所籍乡兵，号武定军，凡得七万余人。时兵荒之余，复有此扰，民不聊生。

丁亥，邺都留守张从恩上言：『赵延照虽据贝州，麾下兵皆久客思归，宜速进军攻之。』诏以从恩为贝州行营都部署，督诸将击之。辛卯，从恩奏赵延照纵火大掠，弃城而遁，屯于瀛、莫，阻水自固。

朱文进遣使如唐，唐主囚其使，将伐之，会天暑、疾疫而止。

【注释】

①烈宗：南汉立国，汉主刘追尊其兄刘隐为烈宗。②太祖昭武皇帝：闽立国，闽主王鏻遍尊其父王审知为太祖昭武皇帝。③恒、安兵：『安』作『定』。④乡社兵：即民兵。⑤为上下所恶：上指将相大臣，下指士卒百姓。⑥各封剑以授之：即授之以尚方宝剑，使得其有擅杀之权，以威胁百姓。⑦命兖州修守备：因兖州邻近杨光远的青州，故命其修守备。⑧泰宁节度使李守贞：李守贞为代安审信任泰宁节度使。

六月，辛酉，官军拔淄州，[1]斩其刺史刘翰。

太尉、侍中冯道虽为首相，依违两可，无所操决。或谓帝曰：『冯道，承平之良相；今艰难之际，譬如使禅僧飞鹰耳。』

癸卯，以道为匡国节度使，兼侍中。

乙巳，汉主幽齐王弘弼于私第。

或谓帝曰：『陛下欲御北狄，安天下，非桑维翰不可。』丙午，复置枢密院，以维翰为中书令兼枢密使，事无大小，悉以委之。数月之间，朝廷差治。

滑州河决，浸汴、曹、单、濮、郓五州之境，环梁山合于汶。诏大发数道丁夫塞之。既塞，帝欲刻碑纪其事。

中书舍人杨昭俭谏曰：『陛下刻石纪功，不若降哀痛之诏；染翰颂美，不若颁罪己之文。』帝善其言而止。

初，高祖割北边之地以赂契丹，由是府州刺史折从远亦北属。契丹欲尽徙河西之民以实辽东，州人大恐，从远因保险拒之。及帝与契丹绝，遣使谕从远使攻契丹。从远引兵深入，拔十余寨。戊午，以从远为府州团练使。从远，云州人也。

甲子，复置翰林学士。戊辰，以右散骑常侍李慎仪为兵部侍郎、翰林学士承旨，都官郎中刘温叟、金部郎中、知制诰武强徐台符、礼部郎中李澣、主客员外郎宗城范质，皆为学士。温叟，岳之子也。

秋，七月，辛未朔，大赦，改元。

己丑，以太子太傅刘昫为司空兼门下侍郎、同平章事。

八月，辛丑朔，以河东节度使刘知远为北面行营都统，顺国节度使杜威为都招讨使，督十三节度以备契丹。

桑维翰两秉朝政，[2]出杨光远、景延广于外，至是一制指挥，节度使十五人无敢违者，时人服其胆略。

朔方节度使冯晖上章自陈未老可用，而制书见遗。维翰诏禁直学士使为答诏曰：『非制书勿忘，实以朔方重地，非卿无以弹压。比欲移卿内地，受代亦须奇才。』晖得诏，甚喜。

时军国多事，百司及使者咨请辐辏，维翰随事裁决，初若不经思虑，人疑其疏略；退而熟议之，亦终不能易也。然为相颇任爱憎，一饭之恩、睚眦之怨必报，人亦以此少之。

契丹之入寇也，帝再命刘知远会兵山东，皆后期不至。帝疑之，谓所亲曰：『太原殊不助朕，必有异图。果有分，何不速为之！』至是虽为都统，而实无临制之权，密谋大计，皆不得预。知远亦自知见疏，但慎事自守而已。郭威见知远有忧色，谓知远曰：『河东山川险固，[3]风俗尚武，士多战马，静则勤稼穑，动则习军旅，此霸王之资也，何忧乎！』

朱文进自称威武留后，权知闽国事，遣使奉表称藩于晋。癸丑，以文进为威武节度使，知闽国事。

癸亥，置镇宁军于澶州，以濮州隶焉。

初，吴濠州刺史刘金卒，子仁规代之；仁规卒，子崇俊代之。唐烈祖置定远军于濠州，以崇俊为节度使。会清淮节度使姚景卒，崇俊厚赂权要，求兼领寿州。[4]唐主阳为不知其意，徙崇俊为清淮节度使，以楚州刺史刘彦贞为濠州观察使，驰往代之；崇俊悔之。彦贞，信之子也。

九月，庚午朔，日有食之。

丙子，契丹寇遂城、乐寿，深州刺史康彦进击却之。

【注释】

①淄州：时为平卢节度使杨光远巡属。②两秉朝政：指其在后晋高祖朝及出帝朝总掌宿卫兵，任中书令兼枢密使。③河东山川险固：河东指晋阳，东有太行山、常山，西有龙门、西河，南有霍太山、雀鼠谷，北有雁门、五台山。④兼领寿州：即兼领清淮节度使，清淮军治寿州（今安徽寿县）。

冬，十月，丙午，汉主毒杀镇王弘泽于邕州。

殷主延政遣其将陈敬佺以兵三千屯尤溪及古田，卢进以兵二千屯长溪。

泉州散员指挥使桃林留从效谓同列王忠顺、董思安、张汉思曰：『朱文进屠灭王氏，遣腹心分据诸州。吾属世受王氏恩，而交臂事贼，一旦富沙王克福州，①吾属死有余愧！』众以为然。十一月，从效等各引军中所善壮士，夜饮于从效之家，从效绐之曰：『富沙王已平福州，密旨令吾属讨黄绍颇。②吾观诸君状貌，皆非久处贫贱者。从吾言，富贵可图；不然，祸且至矣。』众皆踊跃，操白梃，逾垣而入，执绍颇，斩之。从效持州印诣王继勋第，请主军府。从效自称平贼统军使，函绍颇首，遣副兵马使临淮陈洪进赍诣建州。

洪进至尤溪，福州戍兵数千遮道。洪进绐之曰：『义师已诛朱福州，③吾倍道嗣君于建州，尔辈尚守此何为乎？』以绍颇首示之，众遂溃，大将数人从洪进诣建州。延政以继勋为侍中、泉州刺史，从效、忠顺、思安、洪进皆为都指挥使。

漳州将程谟闻之，立杀刺史程文纬，立王继成权州事。继勋、继成，皆延政之从子也，朱文进之灭王氏，二人以疏远获全。

汀州刺史许文稹奉表请降于殷。

十二月，癸丑，加朱文进同平章事，封闽国王。

李守贞围青州经时，城中食尽，饿死者太半。契丹援兵不至，杨光远遥稽首于契丹曰：『皇帝，皇帝，误光远矣！』其子承勋、承祚、承信劝光远降，冀全其族。光远不许，曰：『吾昔在代北，尝以纸钱祭天池而沈，人皆言当为天子，姑待之。』丁巳，承勋斩劝光远反者节度判官丘涛等，送其首于守贞，纵火大噪，劫其父出居私第，上表待罪，开城纳官军。

朱文进闻黄绍颇死，大惧，以重赏募兵二万，遣统军使林守谅、内客省使李廷锷将之攻泉州，钲鼓相闻五百里。殷主延政遣大将军杜进将兵二万救泉州，留从效开门与福州兵战，大破之，斩守谅，执廷锷。延政遣统军使吴成义帅战舰千艘攻福州，朱文进遣子弟为质于吴越以求救。

初，唐翰林待诏臧循，④与枢密副使查文徽同乡里，循常为贾人，习福建山川，为文徽画取建州之策。文徽表请用兵击王延政，国人多以为不可。唐主以文徽为江西安抚使，循行境上，觇其可否；文徽至信州，奏言攻之必克。唐主以洪州营屯都虞候边镐为行营招讨诸军都虞候，将兵从文徽伐殷。文徽自建阳进屯盖竹，闻漳、泉、汀三州皆隆于殷，殷将张汉真自镛州将兵八千将至，文徽惧，退保建阳。臧循屯邵武，邵武民导殷兵袭破循军，执循送建州斩之。

朝廷以杨光远罪大，而诸子归命，难于显诛，命李守贞以便宜从事。闰月，癸酉，守贞入青州，遣人拉杀光远于别第，以病死闻。丙戌，起复杨承勋，除汝州防御使。

殷吴成义闻有唐兵，诈使人告福州吏民曰：『唐助我讨贼臣，大兵今至矣。』福人益惧。乙未，朱文进遣同平章事李光准等奉国宝于殷。

丁酉，福州南廊承旨林仁翰谓其徒曰：⑤『吾曹世事王氏，今受制贼臣，富沙王至，何面见之！』帅其徒三十人被甲趣连重遇第，重遇方严兵自卫，三十人者望之，稍稍遁去。仁翰执槊直前刺重遇，杀之，斩其首以示众曰：『富沙王且至，汝辈族矣！今重遇已死，何不亟取文进以赎罪！』众踊跃从之，遂斩文进，迎吴成义入城，函二首送建州。

契丹复大举入寇，卢龙节度使赵延寿引兵先进。契丹前锋至邢州，顺国节度使杜威遣使间道告急。帝欲自将拒之，会有疾，命天平节度使张从恩、邺都留守马全节、护国节度使安审琦会诸道兵屯邢州，武宁节度使赵在礼屯邺都。

契丹主以大兵继至，建牙于元氏。⑥朝廷惮契丹之盛，诏从恩等引兵稍却，于是诸军恼惧，无复部伍，委弃器甲，所过焚掠，比至相州，不复能整。

【注释】

①富沙王：即殷主王延政。其在闽国时被封为富沙王。②黄绍颇：时为朱文进所任命的泉州刺史。③朱福州：即朱文进。④翰林待诏：官名。主掌批答表疏、应和文章等事。⑤南廊承旨：官名。是侍卫武臣之职。⑥元氏：地名。今河北元氏。

二年 春，正月，诏赵在礼还屯澶州，马全节还邺都；又遣右神武统军张彦泽屯黎阳，西京留守景延广自滑州引兵守胡梁渡。庚子，张从恩奏契丹逼邢州，诏滑州、邺都复进军拒之。义成节度使皇甫遇将兵趣邢州。契丹寇邢、洺、磁三州，杀掠殆尽，入邺都境。

壬子，张从恩、马全节、安审琦悉以行营兵数万，陈于相州安阳水之南。皇甫遇与濮州刺史慕容彦超将数千骑前觇契丹，至邺县，将渡漳水，遇契丹数万，遇等且战且却。至榆林店，契丹大至，二将谋曰：『吾属今走，死无遗矣！』乃止，布陈，自午至未，①力战百余合，相杀伤甚众。遇马毙，因步战；其仆杜知敏以所乘马授之，遇乘马复战。久之，稍解；顾知敏已为契丹所擒，遇曰：『知敏义士，不可弃也。』与彦超跃马入契丹陈，取知敏而还。俄而契丹继出新兵来战。二将曰：『吾属势不可走，以死报国耳。』

日且暮，安阳诸将怪觇兵不还，安审琦曰：『皇甫太师寂无声问，②必为虏所困。』语未卒，有一骑白遇等为虏数万所围；审琦即引骑兵出，将救之，张从恩曰：『此言未足信。必若虏众猥至，尽吾军，恐未足以当之，公往何益！』审琦曰：『成败，天也。万一不济，当共受之。借使虏不南来，坐失皇甫太师，吾属何颜以见天下！』遂逾水而进。契丹望见尘起，即解去。遇等乃得还，与诸将俱归相州，军中皆服二将之勇。彦超本吐谷浑也，与刘知远同母。

契丹亦引军退，其众自相惊曰：『晋军悉至矣！』时契丹主在邯郸，闻之，即时北遁，不再宿，至鼓城。③

是夕，张从恩等议曰：『契丹倾国而来，吾兵不多，城中粮不支一旬，万一有奸人往告吾虚实，虏悉众围我，死无日矣。不若引军就黎阳仓，南倚大河以拒之，可以万全。』议未决，从恩引兵先发，诸军继之；扰乱失亡，复如发邢州之时。

从恩等留步兵五百守安阳桥，夜四鼓，④知相州事符彦伦谓将佐曰：『此夕纷纭，人无固志，五百弊卒，安能守桥！』即召入，乘城为备。至曙，望之，契丹数万骑已陈于安阳水北，彦伦命城上扬旌鼓噪约束，契丹不测。日加辰，⑤赵延寿与契丹惕隐帅众逾水，环相州而南，诏右神武统军张彦泽将兵趣相州。延寿等至汤阴，闻之，甲寅，引还；马全节等拥大军在黎阳，不敢追。延寿悉陈甲骑于相州城下，若将攻城状，符彦伦曰：『此虏将走耳。』出甲卒五百，陈于城北以待之；契丹果引去。

以天平节度使张从恩权东京留守。

庚申，振武节度使折从远击契丹，围胜州，遂攻朔州。

帝疾小愈，河北相继告急。帝曰：『此非安寝之时。』乃部分诸将为行计。

更命武定军曰天威军。⑥

北面副招讨使马全节等奏：『据降者言，虏众不多，宜乘其散归种落，大举径袭幽州。』帝以为然，征兵诸道。

壬戌，下诏亲征；乙丑，帝发大梁。

闽之故臣共迎殷主延政，请归福州，改国号曰闽。延政以方有唐兵，未暇徙都，以从子门下侍郎、同平章事继昌都督南都内外诸军事，⑦镇福州；以飞捷指挥使黄仁讽为镇遏使，将后卫之。

林仁翰至福州，⑧闽主赏之甚薄。仁翰未尝自言其功。发南都侍卫及两军甲士万五千人，⑨诣建州以拒唐。

二月，壬辰朔，帝至滑州，壬申，命安审琦屯邺都。甲戌，帝发滑州；乙亥，至澶州。己卯，马全节等诸军以次北上。刘知远闻之曰：『中国疲弊，自守恐不足，乃横挑强胡，胜之犹有后患，况不胜乎！』

契丹自恒州还，以羸兵驱牛羊过祁州城下，刺史下邳沈斌出兵击之；契丹以精骑夺其城门，州兵不得还。赵延寿知城中无余兵，引契丹急攻之；斌在［城］上，延寿语之曰：『沈使君，吾之故人，「择祸莫若轻」，何不早降！』斌曰：『侍中父子失计陷身虏庭，忍帅犬羊以残父母之邦；不自愧耻，更有骄色，何哉！沈斌弓折矢尽，宁为国家死耳，终不效公所为！』明日，城陷，斌自杀。

丙戌，诏北面行营都招讨使杜威以本道兵会马全节等进军。

端明殿学士、户部侍郎冯玉，宣徽北院使、权侍卫马步都虞候太原李彦韬，皆挟恩用事，恶中书令桑维翰，数毁之。帝欲罢维翰政事，李崧、刘昫固谏而止。维翰知之，请以玉为枢密副使，玉殊不平。丙申，中旨以玉为户部尚书、枢密使，以分维翰之权。彦韬少事阎宝，为仆夫，后隶高祖帐下。高祖自太原南下，留彦韬侍帝，为腹心，由是有宠。性纤巧，与嬖幸相结，以蔽帝耳目，帝委信之，至于升黜将相，亦得预议。常谓人曰：『吾不知朝廷设文官何所用，且欲澄汰，徐当尽去之。』

唐查文徽表求益兵，唐主以天威都虞候何敬洙为建州行营招讨马步都指挥使，将军祖全恩为应援使，姚凤为都监，将兵数千会攻建州，自崇安进屯赤岭。闽主延政遣仆射杨思恭、统军使陈望将兵万人拒之，列栅水南，[10]旬余不战，唐人不敢逼。

思恭以延政之命督望战。望曰：『江、淮兵精，其将习武事。国之安危，系此一举，不可不万全而后动。』思恭怒曰：『唐兵深侵，陛下寝不交睫，委之将军。今唐兵不出数千，将军拥众万余，不乘其未定而击之，有如唐兵惧而自退，将军何面目见陛下乎！』望不得已，引兵涉水与唐战。全恩等以大兵当其前，使奇兵出其后，大破之。望死，思恭仅以身免。

延政大惧，婴城自守，召董思安、王忠顺，使将泉州兵五千诣建州，分守要害。

初，高祖置德清军于故澶州城，乃契丹入寇，澶州、邺都之间，城戍俱陷。议者以澶州、邺都相去五十里，宜于中涂筑城以应接南北，从之。三月，戊戌，更筑德清军城，合德清、南乐之民以实之。

【注释】

①自午至未：自午时到未时。午时为上午十一时到午后十三时，未时为下午十三时到十五时。②皇甫太师：即皇甫遇。③鼓城：地名。今河北晋县。④四鼓：四鼓又称四更，在凌晨一时到三时之间。⑤日加辰：日光升到辰时。辰时为上午七时到九时。⑥武定军：即是由开远元年所登记造册的各州乡兵所组成。⑦南都：当时殷主居建州，以福州为南都。⑧林仁翰至福州：『福州』当作『建州』，是指林仁翰杀了朱文进、连重遇之后，从福州到建州谒见王延政。⑨两军：两军当为侍卫之军之外的左、右两军；一说指拱宸、控鹤两都。⑩水南：即建阳溪。

初，光州人李仁达，仕闽为元从指挥使，十五年不迁职。闽主曦之世，叛奔建州，闽主延政以为将。[1]及朱文进弑曦，复叛奔福州，陈取建州之策。文进恶其反覆，黜居福清。浦城人陈继珣，亦叛闽主延政奔福州，为曦画策取建州，曦以为著作郎。及延政得福州，二人皆不自安。

王继昌暗弱嗜酒，不恤将士，将士多怨。仁达潜入福州，与继珣说黄仁讽曰：『今唐兵乘胜，建州孤危。富沙王不能保建州，安能保福州！昔王潮兄弟，光山布衣耳，取福建如反掌。况吾辈乘此机会，自图富贵，何患不如彼乎！』仁讽然之。是夕，仁达等引甲士突入府舍，杀继昌及吴成义。仁达欲自立，恐众心未服，以雪峰寺僧卓岩明素为众所重，乃言：『此僧目重瞳子，手垂过膝，真天子也。』相与迎之。己亥，立以为帝，解去衲衣，被以衮冕，帅将吏北面拜之。然犹称天福十年，遣使奉表称藩于晋。延政闻之，族黄仁讽家，命统军使张汉真将水军五千，会漳、泉兵讨岩明。

乙巳，杜威等诸军会于定州，以供奉官萧处钧权知祁州事。庚戌，诸军攻契丹，泰州刺史晋廷谦举州降。甲寅，取满城，获契丹酋长没刺及其兵二千人。乙卯，取遂城。赵延寿部曲有降者言：『契丹主还至虎北口，闻晋取泰州，复拥众南向，约八万余骑，计来夕当至，宜速为备。』杜威等惧，丙辰，退保泰州。戊午，契丹至泰州。己未，晋军南行，契丹踵之。晋军至阳城，庚申，契丹大至。晋军与战，逐北十余里，契丹逾白沟而去。

壬戌，晋军结陈而南，胡骑四合如山，诸军力战拒之。是日，才行十余里，人马饥乏。

癸亥，晋军至白团卫村，埋鹿角为行寨。②契丹围之数重，奇兵出寨后断粮道。是夕，东北风大起，破屋折树；营中掘井，方及水辄崩，士卒取其泥，帛绞而饮之，人马俱渴。至曙，风尤甚。契丹主坐奚车中，令其众曰：『晋军止此耳，当尽擒之，然后南取大梁！』命铁鹞四面下马，③拔鹿角而入，奋短兵以击晋军，又顺风纵火扬尘以助其势。

军士皆愤怒，大呼曰：『都招讨使何不用兵，令士卒待死！』诸将请出战，杜威曰：『俟风稍缓，徐观可否。』马步都监李守贞曰：『彼众我寡，风沙之内，莫测多少，惟力斗者胜，此风乃助我也；若俟风止，吾属无类矣。』即呼曰：『诸军齐击贼！』又谓威曰：『令公善守御，守贞以中军决死矣！』马军左厢都排陈使张彦泽召诸将问计，皆曰：『虏得风势，宜俟风回与战。』彦泽亦以为然。诸将退，马军右厢副排陈使太原药元福独留，谓彦泽曰：『今军中饥渴已甚，若俟风回，吾属已为虏矣。敌谓我不能逆风以战，宜出其不意急击之，此兵之诡道也。』马步左右厢都排陈使符彦卿曰：『与其束手就擒，曷若以身徇国！』乃与彦泽、元福及左厢都排陈使皇甫遇引精骑出西门击之，诸将继至。契丹却数百步。彦卿等谓守贞曰：『且曳队往来乎？直前奋击，以胜为度乎？』守贞曰：『事势如此，安可回鞚！④宜长驱取胜耳！』彦卿等跃马而去，风势益甚，昏晦如夜，彦卿等拥万余骑横击契丹，呼声动天地，契丹大败而走，势如崩山。李守贞亦令步兵尽拔鹿角出斗，步骑俱进，逐北二十余里。铁鹞既下马，苍皇不能复上，皆委弃马及铠仗蔽地。

契丹散卒至阳城东南水上，稍复布列。杜威曰：『贼已破胆，不宜更令成列！』遣精骑击之，皆渡水去。契丹主乘奚车走十余里，追兵急，获一橐驼，乘之而走。诸将请急追之。杜威扬言曰：『逢贼幸不死，更索衣囊邪？』李守贞曰：『两日人马渴甚，今得水饮之，皆足重，难以追寇，不若全军而还。』乃退保定州。

契丹主至幽州，散兵稍集；以军失利，杖其酋长各数百，唯赵延寿得免。

乙丑，诸军自定州引归。诏以泰州隶定州。

夏，四月，辛巳，帝发澶州，甲申，还大梁。

己丑，复以邺都为天雄军。⑤

闽张汉真至福州，攻其东关。黄仁讽闻其家夷灭，开门力战，大破闽兵，执汉真，入城，斩之。

卓岩明无它方略，但于殿上噀水散豆，⑥作诸法事而已。又遣使迎其父于莆田，尊为太上皇。

李仁达既立岩明，自判六军诸卫事，使黄仁讽屯西门，陈继珣屯北门。仁讽从容谓继珣曰：『人之所以为人，以有忠、信、仁、义也。吾顷尝有功于富沙，中间叛之，非忠也；人以从子托我而与人杀之，⑦非信也；属者与建兵战，所杀皆乡曲故人，非仁也；弃妻子，使人鱼肉之，非义也。此身十沉九浮，死有余愧！』因拊膺恸哭。继珣曰：『大丈夫徇功名，何顾妻子！宜置此事，勿以取祸。』仁达闻之，使人告仁讽、继珣谋反，皆杀之。由是兵权尽归仁达。

五月，丙申朔，大赦。

顺国节度使杜威，久镇恒州，性贪残，自恃贵戚，⑧多不法。每以备边为名，敛吏民钱帛以充私藏。富室有珍货或名姝、骏马，皆虏取之；或诬以罪杀之，籍没其家。又畏懦过甚，每契丹数十骑入境，威已闭门登陴；或数骑驱所掠华人千百过城下，威但瞋目延颈望之，无意邀取。由是虏无所忌惮，属城多为所屠，威竟不出一卒救之，千里之间，暴骨如莽，村落殆尽。

威见所部残弊，为众所怨，又畏契丹之强，累表请入朝，帝不许；威不俟报，遽委镇入朝，朝廷闻之，惊骇。桑维翰言于帝曰：『威固违朝命，擅离边镇。居常凭恃勋亲，邀求姑息，及疆埸多事，⑨曾无守御之意；宜因此时废之，庶无后患。』帝不悦。维翰曰：『陛下不忍废之，宜授以近京小镇，勿复委以雄藩。』帝曰：『威，朕之密亲，必无异志；但宋国长公主切欲相见耳，公勿以为疑！』维翰自是不敢复言国事，以足疾辞位。丙辰，威至大梁。

丁巳，李仁达大阅战士，请卓岩明临视。仁达阴教军士突前登阶，刺杀岩明。仁达阳惊，狼狈而走。军士共执仁达，使居岩明之坐。仁达乃自称威武留后，用『保大』年号，⑩奉表称藩于唐，亦遣使入贡于晋；并杀岩明之父。唐以仁达为威武节度使、同平章事，赐名弘义，编之属籍。弘义又遣使修好于吴越。

己未，杜威献部曲步骑合四千人并铠仗，庚申，又献粟十万斛、刍二十万束，云皆在本道。帝以其所献骑兵隶扈圣，步兵隶护国，威复请以为牙队，而禀赐皆仰县官。威又令公主白帝，求天雄节钺，帝许之。

唐兵围建州，屡破泉州兵。⑪许文稹败唐兵于汀州，执其将时厚卿。

六月，癸酉，以杜威为天雄节度使。

契丹连岁入寇，中国疲于奔命，边民涂地；契丹人畜亦多死，国人厌苦之。述律太后谓契丹主曰：『使汉人为胡主，可乎？』曰：『不可。』太后曰：『然则汝何故欲为汉主？』曰：『石氏负恩，不可容。』太后曰：『汝今虽得汉地，不能居也；万一蹉跌，悔何所及！』又谓其群下曰：『汉儿何得一向眠！自古但闻汉和蕃，未闻蕃和汉。汉儿果能回意，我亦何惜与和！』

桑维翰屡劝帝复请和于契丹以纾国患，帝假开封军将张晖供奉官，使奉表称臣诣契丹，卑辞谢过。契丹主曰：『使景延广、桑维翰自来，仍割镇、定两道隶我，则可和。』朝廷以契丹语忿，谓其无和意，乃止。及契丹主入大梁，谓李崧等曰：『曩使晋使再来，则南北不战矣。』

秋，七月，闽人或告福州援兵谋叛，闽主延政收其铠仗，遣还，伏兵于隘，尽杀之，死者八千余人，脯其肉以归为食。

唐边镐拔镡州，查文徽之党魏岑、冯延己、延鲁以师出有功，皆踊跃赞成之。征求供亿，府库为之耗竭，洪、饶、抚、信之民尤苦之。

延政遣使奉表称臣于吴越，请为附庸以求救。

楚王希范疑静江节度使兼侍中、知朗州希杲得人心，遣人伺之。希杲惧，称疾求归，不许；遣医往视疾，因毒杀之。

【注释】

①闽主延政以为将：当时王延政已立国为殷，故当称『殷主延政』。②鹿角：用砍倒的树构成的形似鹿角的障碍物。

③铁鹞：契丹称其披甲的精锐骑兵为铁鹞。④回鞚（鞚控）：调转马头。鞚，马勒。⑤复以邺都为天雄军：罢天雄军在后唐庄宗同光元年，即公元923年。⑥噀：口含水而喷出为噀，是为厌胜而作的一种法事。⑦从子：指闽主王延政的侄子王继昌。⑧自恃贵戚：杜威是后晋高祖石敬瑭妹妹宋国长公主的夫婿。⑨疆埸：疆界。⑩用『保大』年号：保大为南唐中宗李璟的年号，是年为保大三年，即公元945年。⑪泉州兵：即由董思安、王忠顺所率领的来支援建州的泉州兵。

齐王下

开运二年 八月，甲子朔，日有食之。

丙寅，右仆射兼中书侍郎、同平章事和凝罢守本官。①加枢密使、户部尚书冯玉中书侍郎、同平章事，事无大小，悉以委之。

帝自阳城之捷，②谓天下无虞，骄侈益甚。四方贡献珍奇，皆归内府。多造器玩，广宫室，崇饰后庭，近朝莫之及。作织锦楼以织地衣，用织工数百，期年乃成。又赏赐优伶无度。桑维翰谏曰：『曩者陛下亲御胡寇，战士重伤者，赏不过帛数端。今优人一谈一笑称旨，往往赐束帛、万钱、锦袍、银带，彼战士见之，能不觖望，曰：「我曹冒白刃，绝筋折骨，曾不如一谈一笑之功乎！」如此，则士卒解体，陛下谁与卫社稷乎！』帝不听。

冯玉每善承迎帝意，由是益有宠。尝有疾在家，帝谓诸宰相曰：『自刺史以上，俟冯玉出，乃得除。』其倚任如此。玉乘势弄权，四方赂遗，辐辏其门。由是朝政益坏。

唐兵围建州既久，③建人离心。或谓董思安：『盍早择去就？』思安曰『吾世事王氏，④危而叛之，天下其谁容我！』众感其言，无叛者。

丁亥，唐先锋桥道使上元王建封先登，⑤遂克建州，闽主延政降。⑥王忠顺战死，董思安整众奔泉州。

初，唐兵之来，建人苦王氏之乱与杨思恭之重敛，争伐木开道以迎之。及破建州，纵兵大掠，焚宫室庐舍俱尽。是夕，寒雨，冻死者相枕，建人失望。唐主以其有功，皆不问。

汉主杀韶王弘雅。⑦

九月，许文稹以汀州，⑧王继勋以泉州，王继成以漳州，皆降于唐。唐置永安军于建州。

丙申，以西京留守兼侍中景延广充北面行营副招讨使。

殿中监王钦祚权知恒州事。⑨会乏军储，诏钦祚括籴民粟。杜威有粟十余万斛在恒州，钦祚举籍以闻。威大怒，表称：『臣有何罪，钦祚籍没臣粟！』朝廷为之召钦祚还，仍厚赐威以慰安之。

戊申，置威信军于曹州。

遣侍卫马步都指挥使李守贞戍澶州。

乙卯，遣彰德节度使张彦泽戍恒州。

汉主杀刘思潮、林少强、林少良、何昌延。以左仆射王翻尝与高祖谋立弘昌，出为英州刺史，⑩未至，赐死。内外皆惧不自保。

冬，十月，癸巳，置镇安军于陈州。

唐元敬宋太后殂。

王延政至金陵，唐主以为羽林大将军。⑪斩杨思恭以谢建人。以百胜节度使王崇文为永安节度使。崇文治以宽简，建人遂安。

初，高丽王建用兵吞灭邻国，颇强大，因胡僧袜啰言于高祖曰：『勃海，我婚姻也，其王为契丹所虏，请与朝廷共击取之。』高祖不报。及帝与契丹为仇，袜啰复言之。帝欲使高丽扰契丹东边以分其兵势。会建卒，子武自称权知国事，上表告丧。十一月，戊戌，以武为大义军使、高丽王，遣通事舍人郭仁遇使其国，谕指使击契丹。仁遇至其国，⑫见其兵极弱，曩者袜啰之言，特建为夸诞耳，实不敢与契丹为敌。仁遇还，武更以它故为解。

乙卯，吴越王弘佐诛内都监使杜昭达，己未，诛内牙上统军使明州刺史阚璠。

昭达，建徽之孙也，⑬与璠皆好货。钱塘富人程昭悦以货结二人，得侍弘佐左右。昭悦为人狡佞，王悦之，宠待逾于旧将，璠不能平。昭悦知之，诣璠顿首谢罪，璠责让久之，乃曰：『吾始者决欲杀汝，今既悔过，吾亦释然。』昭悦惧，谋去璠。

璠专而愎，国人恶之者众，王亦恶之。昭悦欲出璠于外，恐璠觉之，私谓右统军使胡进思曰：『今欲除公及璠各为本州，使璠不疑，可乎？』进思许之，乃以璠为明州刺史，进思为湖州刺史。璠怒曰：『出我于外，是弃我也。』进思曰：『老兵得大州，幸矣，不行何为！』璠乃受命。既而复以他故留进思。

内外马步都统军使钱仁俊母，杜昭达之姑也。昭悦因谮璠、昭达谋奉仁俊作乱，下狱锻炼成之。⑭璠、昭达既诛，夺仁俊官，幽于东府。⑮于是昭悦治阚、杜之党，凡权位与己侔，意所忌者，诛放百余人，国人畏之侧目。胡进思重厚寡言，昭悦以为戆，故独存之。

昭悦收仁俊故吏慎温其，使证仁俊之罪，拷掠备至。温其坚守不屈。弘佐嘉之，擢为国官。温其，衡州人也。⑯

十二月，乙丑，加吴越王弘佐东南面兵马都元帅。

辛未，以前中书舍人广晋殷鹏为给事中、枢密直学士。⑰鹏，冯玉之党也，朝廷每有迁除，玉皆与鹏议之。由是请谒赂遗，充满其门。

初，帝疾未平，会正旦，枢密使、中书令桑维翰遣女仆入宫起居太后，⑱因问：『皇弟睿近读书否？』⑲帝闻之，以告冯玉，玉因谮维翰有废立之志。帝疑之。

李守贞素恶维翰，冯玉、李彦韬与守贞合谋排之，以中书令行开封尹赵莹柔而易制，共荐以代维翰。丁亥，罢维翰政事，为开封尹。以莹为中书令，李崧为枢密使、守侍中。维翰遂称足疾，希复朝谒，杜绝宾客。

或谓冯玉曰：『桑公元老，今既解其枢务，纵不留之相位，犹当优以大藩，奈何使之尹京，亲猥细之务乎？』玉曰：『恐其反耳。』曰：『儒生安能反？』玉曰：『纵不自反，恐其教人耳。』

楚湘阴处士戴偃，为诗多讥刺，楚王希范囚之。天策副都军使丁思瑾上书切谏，希范削其官爵。

唐齐王景达府属谢仲宣言于景达曰：『宋齐丘，先帝布衣之交，⑳今弃之草莱，不厌众心。』景达为之言于唐主曰：『齐丘宿望，勿用可也，何必弃之以为名！』唐主乃使景达自至青阳召之。

【注释】

①和凝：五代大臣。字成绩，今山东东平人。后梁进士。历仕后晋、后汉、后周三朝，官至左仆射、太子太傅，封鲁国公。②阳城之捷：指此前不久后晋在阳城（今河南登封东南）打败契丹。③建州：今福建建瓯。④王氏：指闽国王氏政权。⑤上元：县名。今江苏南京市。⑥（王）延政：五代时闽国国君，王审知子。公元943～945年在位。建州陷落后，被迫迁至金陵（今江苏南京），后数年卒，谥恭懿王，史称天德帝。⑦韶王弘雅：南汉王刘晟的弟弟。⑧汀州：今福建长汀。⑨殿中监：官名。管理皇帝生活起居事务。⑩英州：今广东英德。⑪羽林：皇帝卫军。⑫通事舍人：官名。掌朝见司仪、承旨传宣等事。⑬（杜）建徽：吴越丞相。今浙江富阳人，字延光。少强勇，有大志，跟随钱镠征伐，累立大功。从武安都将累迁至昭化军节度使、吴越国丞相。⑭锻炼：罗织罪名。⑮东府：唐五代时设枢密院，与中书同掌政军大权，东府为宰相、中书所居。⑯衡州：今浙江衡县。⑰广晋：府名。今河北大名东北。

枢密直学士：官名。五代时为皇帝侍从，备顾问应对。⑱枢密使：官名。枢密院长官，五代时位比宰相，与宰相分掌朝政。⑲皇弟睿：即石重睿。因避后晋出帝石重贵的讳，去『重』字。⑳先帝：指南唐建立者李昇。

三年 春，正月，以齐丘为太傅兼中书令，但奉朝请，①不预政事。以昭武节度使李建勋为右仆射兼门下侍郎，与中书侍郎冯延己皆同平章事。建勋练习吏事，而懦怯少断。延己工文辞，而狡佞，喜大言，多树朋党。水部郎中高越，②上书指延己兄弟过恶，唐主怒，贬越蕲州司士。③

初，唐主置宣政院于禁中，以翰林学士、给事中常梦锡领之，专典机密，与中书侍郎严续皆忠直无私。唐主谓梦锡曰：『大臣惟严续中立，然无才，恐不胜其党，卿宜左右之。』未几，梦锡罢宣政院，续亦出为池州观察使。④梦锡于是移疾纵酒，不复预朝廷事。续，可求之子也。⑤

二月，壬戌朔，日有食之。

晋昌节度使兼侍中赵在礼，更历十镇，⑥所至贪暴，家赀为诸帅之最。帝利其富，三月，庚申，为皇子镇宁节度使延煦娶其女。在礼自费缗钱十万，县官之费，⑦数倍过之。延煦及弟延宝，皆高祖诸孙，帝养以为子。

唐泉州刺史王继勋致书修好于威武节度使李弘义。弘义以泉州故隶威武军，怒其抗礼。夏，四月，遣弟弘通将兵万人伐之。

初，朔方节度使冯晖在灵州，⑧留党项酋长拓跋彦超于州下，⑨故诸部不敢为寇，及将罢镇而纵之。

前彰武节度使王令温代晖镇朔方，不存抚羌、胡，以中国法绳之。羌、胡怨怒，皆叛，竞为寇钞。拓跋彦超、石存、也厮褒三族，共攻灵州，杀令温弟令周。戊午，令温上表告急。

泉州都都挥使留从效谓刺史王继勋曰：『李弘通兵势甚盛，士卒以使君赏罚不当，莫肯力战，使君宜避位自省。』乃废继勋归私第，代领军府事，勒兵击李弘通，大破之。表闻于唐，唐主以从效为泉州刺史，召继勋还金陵，遣将将兵戍泉州。徙漳州刺史王继成为和州刺史，汀州刺史许文稹为蕲州刺史。

定州西北二百里有狼山，⑩土人筑堡于山上以避胡寇。堡中有佛舍，尼孙深意居之，以妖术惑众，言事颇验，远近信奉之。中山人孙方简及弟行友，自言深意之侄，不饮酒食肉，事深意甚谨。深意卒，方简嗣行其术，称深意坐化，严饰，事之如生，其徒日兹。

会晋与契丹绝好，北边赋役烦重，寇盗充斥，民不安其业。方简、行友因帅乡里豪健者，据寺为寨以自保。契丹入寇，方简帅众邀击，颇获其甲兵、牛马、军资，人挈家往依之者益众。久之，至千余家，遂为群盗。惧为吏所讨，乃归款朝廷。朝廷亦资其御寇，署东北招收指挥使。

方简时入契丹境钞掠，多所杀获。既而邀求不已，朝廷小不副其意，则举寨降于契丹，请为乡道以入寇。⑪时河北大饥，民饿死者所在以万数，兖、郓、沧、贝之间，盗贼蜂起，吏不能禁。

天雄节度使杜威遣元随军将刘延翰市马于边，方简执之，献于契丹。延翰逃归，六月，壬戌，至大梁，言『方简欲乘中国凶饥，引契丹入寇，宜为之备。』

初，朔方节度使冯晖在灵武，得羌、胡心，市马期年，至五千匹，朝廷忌之，徙镇邠州及陕州，⑫入为侍卫步军都指挥使、领河阳节度使。晖知朝廷之意，悔离灵武，乃厚事冯玉、李彦韬，求复镇灵州。朝廷亦以羌、胡方扰，丙寅，复以晖为朔方节度使，将关西兵击羌、胡；以威州刺史药元福为行营马步军都指挥使。⑬

乙丑，定州言契丹勒兵压境。诏以天平节度使、侍卫马步都指挥使李守贞为北面行营都部署，义成节度使皇甫遇副之；彰德节度使张彦泽充马军都指挥使兼都虞候，义武节度使蓟人李殷充步军都指挥使兼都排阵使；遣护圣指挥使临清王彦超、太原白延遇以部兵十营诣邢州。时马军都指挥使、镇安节度使李彦韬方用事，视守贞蔑如也。守贞在外所为，事无大小，彦韬必知之，守贞外虽敬奉而内恨之。

初，唐人既克建州，欲乘胜取福州，唐主不许。枢密使陈觉请自往说李弘义，必令入朝。宋齐丘荐觉才辩，可不烦寸刃，坐致弘义。唐主乃拜弘义母、妻皆为国夫人，四弟皆迁官，以觉为福州宣谕使，厚赐弘义金帛。弘义知其谋，见觉，辞色甚倨，待之疏薄。觉不敢言入朝事而还。

【注释】

①奉朝请：指大臣朝见皇上。②水部郎中：官名。五代时为工部水部曹长官。水部，管理水道工程、舟楫桥梁、漕运政令的机构。③司士：官名。地方官的属员。主管地方河津、营造、桥梁建筑等事。④池州：今安徽贵池。⑤可求：严可求，五代吴大臣。今陕西大荔人。少时通敏有心计，初为杨行密幕僚。烈祖杨渥死后，右牙指挥使张颢欲杀杨

隆演自立，他用计阻止，奉杨隆演嗣位。后来又和徐温杀掉张颢。官终左仆射。⑥十镇：十镇分别为邺都、义成、横海、泰宁、匡国、天平、忠武、武宁、归德、晋昌。⑦县官：这里指皇帝。⑧灵州：今宁夏灵武。⑨党项：古族名。羌人的一支，唐时居住在甘肃、宁夏一带。⑩定州：今河北定县。狼山：山名。今内蒙古杭锦后旗西北狼山。⑪乡道：即向导。⑫邠州：今陕西彬县。⑬威州：今宁夏同心县东北韦州。

秋，七月，河决杨刘，①西入莘县，广四十里，自朝城北流。②

有自幽州来者，言赵延寿有意归国。③枢密使李崧、冯玉信之，命天雄节度使杜威致书于延寿，具述朝旨，啖以厚利，洛州军将赵行实尝事延寿，遣赍书潜往遗之。延寿复书言：『久处异域，思归中国。乞发大军应接，拔身南去。』辞旨恳密。朝廷欣然，复遣行实诣延寿，与为期约。

八月，李守贞言：『与契丹千余骑遇于长城北，④转斗四十里，斩其酋帅解里，拥余众入水溺死者甚众。』丁卯，诏李守贞还屯澶州。

帝既与契丹绝好，数召吐谷浑酋长白承福入朝，⑤宴赐甚厚。承福从帝与契丹战澶州，又与张从恩戍滑州。属岁大热，遣其部落还太原，畜牧于岚、石之境。部落多犯法，刘知远无所纵舍。部落知朝廷微弱，且畏知远之严，谋相与遁归故地。有白可久者，位亚承福，帅所部先亡归契丹，契丹用为云州观察使，以诱承福。

知远与郭威谋曰：『今天下多事，置此属于太原，乃腹心之疾也，不如去之。』承福家甚富，饲马用银槽。威劝知远诛之，收其货以赡军。知远密表：『吐谷浑反覆难保，请迁于内地。』帝遣使发其部落千九百人，分置河阳及诸州。知远遣威诱承福等入居太原城中，因诬承福等五族谋叛，以兵围而杀之，合四百口，籍没其家赀。诏褒赏之，吐谷浑由是遂微。

濮州刺史慕容彦超坐违法科敛，擅取官麦五百斛造麴，赋与部民。李彦韬素与彦超有隙，发其事，罪应死。彦韬趣冯玉使杀之，刘知远上表论救。李崧曰：『如彦超之罪，今天下藩侯皆有之。若尽其法，恐人人不自安。』甲戌，敕免彦超死，削官爵，流房州。⑥

唐陈诲自福州还，至剑州，耻无功，矫诏使侍卫官顾忠召弘义入朝，⑦自称权福州军府事，擅发汀、建、抚、信州兵及戍卒，命建州监军使冯延鲁将之，[8]趣福州迎弘义。延鲁先遗弘义书，谕以祸福。弘义复书请战，遣楼船指挥使杨崇保将州师拒之。觉以剑州刺史陈海为缘江战棹指挥使，表：『福州孤危，旦夕可克。』唐主以觉专命，甚怒，群臣多言：『兵已傅城下，不可中止，当发兵助之。』

丁丑，觉、延鲁败杨崇保于候官，戊寅，乘胜进攻福州西关。弘义出击，大破之，执唐左神威指挥使杨匡邺。

唐主以永安节度使王崇文为东南面都招讨使，以漳泉安抚使、谏议大夫魏岑为东面监军使，延鲁为南面监军使，会兵攻福州，克其外郭。弘义固守第二城。

冯晖引兵过旱海，[9]至辉德，[10]糗粮已尽。拓跋彦超众数万，为三陈，扼要路，据水泉以待之。军中大惧。晖以赂求和于彦超，彦超许之。自旦至日中，使者往返数四，兵未解。药元福曰：『虏知我饥渴，阳许和以困我耳；若至暮，则吾辈成擒矣。今虏虽众，精兵不多，依西山而陈者是也。其余步卒，不足为患。请公严阵以待我，我以精骑先犯西山兵，小胜则举黄旗，大军合势击之，破之必矣。』乃帅骑先进，用短兵力战。彦超小却，元福举黄旗，晖引兵赴之，彦超大败。明日，晖入灵州。

【注释】

①杨刘：镇名。今山东东阿县东北古黄河南岸。②朝城：县名。今山东莘县西南朝城。③赵延寿：本姓刘，认幽州将赵德钧为父，改姓赵。仕后唐为枢密使，后兵败降契丹，屡带兵南侵。官至大丞相、枢密使。后病死契丹。④长城：这里指战国时燕所筑长城，今河北涿县固安县南。⑤吐谷浑：古族名。鲜卑族的一支，本居辽东，魏晋时西迁至甘肃、青海间，唐五代时渐渐衰落。⑥房州：今湖北房县。⑦剑州：今福建南平市。侍卫官：皇帝的宿卫侍从官员。⑧监军使：官名。掌监视刑赏，奏察违谬。⑨旱海：地名。今宁夏灵武东南。⑩辉德：地名。今宁夏灵武南。

九月，契丹三万寇河东。壬辰，刘知远败之于阳武谷，[1]斩首七千级。

汉刘思潮等既死，陈道庠内不自安。特进邓伸遗之《汉纪》，[2]道庠问其故，伸曰：『憨獠，此书有诛韩信、醢彭越事，[3]宜审读之！』汉主闻之，族道庠及伸。

李弘义自称威武留后，权知闽国事，更名弘达，奉表请命于晋。甲午，以弘义为威武节度使、同平章事，知闽国事。

张彦泽奏败契丹于定州北，又败之于泰州，斩首二千级。

辛丑，福州排陈使马捷引唐兵自马牧山拔寨而入，[4]至善化门桥，都指挥使丁彦贞以兵百人拒之。弘达退保善化门，外城再重皆为唐兵所据。弘达更名达，遣使奉表称臣，乞师于吴越。

楚王希范知帝好奢靡，屡以珍玩为献，求都元帅。甲辰，以希范为诸道兵马都元帅。

丙辰，河决澶州临黄。[5]

契丹使瀛州刺史刘延祚遗乐寿监军王峦书，[6]请举城内附。且云：『城中契丹兵不满千人，乞朝廷发轻兵袭之，己为内应。又，今秋多雨，自瓦桥已北，积水无际，契丹主已归牙帐，[7]虽闻关南有变，地远阻水，不能救也。』峦与天雄节度使兼中书令杜威屡奏瀛、莫乘此可取，深州刺史慕容迁献《瀛莫图》。冯玉、李崧信以为然，欲发大兵迎赵延寿及延祚。

先是，侍卫马步都指挥使、天平节度使李守贞数将兵过广晋，杜威厚待之，赠金帛甲兵，动以万计。守贞由是与威亲善。守贞入朝，帝劳之曰：『闻卿为将，常费私财以赏战士。』对曰：『此皆杜威尽忠于国，以金帛资臣，臣安敢掠有其美！』因言：『陛下若他日用兵，臣愿与威戮力以清沙漠。』帝由是亦贤之。

及将北征，帝与冯玉、李崧议，以威为元帅，守贞副之。赵莹私谓冯、李曰：『杜令[8]国戚，[9]贵为将相，而所欲未厌，心常慊慊，岂可复假以兵权！必若有事北方，不若止任守贞为愈也。』不从。冬，十月，辛未，以威为北面行营都招讨使，以守贞为兵马都监，泰宁节度使安审琦为左右厢都指挥使，武宁节度使符彦卿为马军左厢都指挥使，义成节度使皇甫遇为马军右厢都指挥使，永清节度使梁汉璋为马军都排陈使，前威胜节度使宋彦筠为步军左厢都指挥使，奉国左厢都指挥使王饶为步军右厢都指挥使，洺州团练使薛怀让为先锋都指挥使。仍下敕榜曰：『专发大军，往平黠虏。先取瀛、莫，安定关南；次复幽燕，荡平塞北。』又曰：『有能擒获虏主者，除上镇节度使，赏钱万缗，绢万匹，银万两。』时自六月积雨，至是未止，军行及馈运者甚艰苦。

唐漳州将林赞尧作乱，杀监军使周承义、剑州刺史陈诲。泉州刺史留从效举兵逐赞尧，以泉州裨将董思安权知漳州。唐主以思安为漳州刺史，思安辞以父名章。唐主改漳州为南州，命思安及留从效将州兵会攻福州。庚辰，围之。

福州使者至钱塘，吴越王弘佐召诸将谋之，皆曰：『道险远，难救。』惟内都监使临安水丘昭券以为当救。弘佐曰：『唇亡齿寒，吾为天下元帅，⑩曾不能救邻道，将安用之！诸君但乐饱食安坐邪！』壬午，遣统军使张筠、赵承泰将兵三万，水陆救福州。

先是募兵，久无应者，弘佐命纠之，曰：『纠而为兵者，粮赐减半。』明日，应募者云集。弘佐命昭券专掌用兵，昭券惮程昭悦，以用兵事让之。弘佐命昭悦掌应援馈运事，而以军谋委元德昭。德昭，危仔倡之子也。⑪

弘佐议铸铁钱以益将士禄赐，其弟牙内都虞候弘亿谏曰：『铸铁钱有八害：新钱既行，旧钱皆流入邻国，一也；可用于吾国而不可用于它国，则商贾不行，百货不通，二也；铜禁至严，民犹盗铸，况家有铛釜，⑫野有铧犁，犯法必多，三也；闽人铸铁钱而乱亡，不足为法，四也；国用幸丰而自示空乏，五也；禄赐有常而无故益之，以启无厌之心，六也；法变而敝，不可遽复，七也；「钱」者国姓，易之不祥，八也。』弘佐乃止。

【注释】

①阳武谷：今山西原平县西北阳武村。②特进：官名。赐给对朝廷有特殊功勋的人，位在三公之下。③醢：将人剁成肉酱的暴刑。④马牧山：今福建福州市越王山西麓。⑤临黄：县名。今山东范县西南临黄集。⑥乐寿：县名。今河北献县西南。⑦牙帐：将帅的军帐。将帅在军帐之前常树立以象牙为饰的大旗，故称军帐为牙帐。⑧杜令：即杜威。令，令公，隋唐五代时对任中书令的人的称呼。当时杜威兼任中书令。⑨国戚：杜威的妻子是后晋高祖的妹妹宋国长公主。⑩吾为天下元帅：开运三年（公元946年）三月，后晋授钱弘佐东南面兵马都元帅。⑪危仔倡：今江西南城人。唐末江淮大乱，他从其兄聚丁众，立壁垒，乡里安集，遂据有地盘。朝廷因之授官，历任虔州防御使、信州刺史，后归吴越。其子德昭也仕吴越，吴越王钱镠赐姓元，官至宰相。⑫铛：釜属，温器。釜：一种锅。

杜威、李守贞会兵于广晋而北行。威屡使公主入奏，请益兵，曰：『今深入虏境，必资众力。』由是禁军皆在其麾下，而宿卫空虚。

十一月，丁酉，以李守贞权知幽州行府事。

己亥，杜威等至瀛州，城门洞启，寂若无人，威等不敢进。闻契丹将高谟翰先已引兵潜出，威遣梁汉璋将二千骑追之，遇契丹于南阳务，败死。威等闻之，引兵而南。时束城等数县请降，①威等焚其庐舍，掠其妇女而还。

己酉，吴越兵至福州，自罾浦南潜入州城。②唐兵进据东武门，李达与吴越兵共御之，不利。自是内外断绝，城中益危。

唐主遣信州刺史王建封助攻福州。时王崇文虽为元帅，而陈觉、冯延鲁、魏岑争用事，留从效、王建封倔强不用命，各争功，进退不相应。由是将士皆解体，故攻城不克。

唐主以江州观察使杜昌业为吏部尚书，判省事。③先是昌业自兵部尚书判省事，出江州，及还，阅簿籍，抚案叹曰：『未数年，而府库所耗者半，其能久乎！』

契丹主大举入寇，自易、定趣恒州。杜威等至武强，闻之，将自冀、贝而南。彰德节度使张彦泽时在恒州，引兵会之，言契丹可破之状。威等乃复趣恒州，以彦泽为前锋。甲寅，威等至中度桥，④契丹已据桥。彦泽帅骑争之，契丹焚桥而退。晋兵与契丹夹滹沱而军。

始，契丹见晋军大至，又争桥不胜，恐晋军急渡滹沱，与恒州合势击之，议引兵还。及闻晋军筑垒为持久之计，遂不去。

蜀施州刺史田行皋叛，遣供奉官耿彦珣将兵讨之。

杜威虽以贵戚为上将，性懦怯。偏裨皆节度使，但日相承迎，置酒作乐，罕议军事。

磁州刺史兼北面转运使李谷说威及李守贞曰：『今大军去恒州咫尺，烟火相望。若多以三股木置水中，⑤积薪布土其上，桥可立成。密约城中举火相应，夜募壮士斫虏营而入，表里合势，虏必遁逃。』诸将皆以为然，独杜威不可，遣谷南至怀、孟督军粮。

契丹以大兵当晋军之前，潜遣其将萧翰、通事刘重进将百骑及羸卒，⑥并西山出晋军之后，断晋粮道及归路。樵采者遇之，尽为所掠；有逸归者，皆称虏众之盛，军中悩惧。翰等至栾城，城中戍兵千余人，不觉其至，狼狈降之。契丹获晋民，皆黥其面曰『奉敕不杀』，纵之南走。运夫在道遇之，皆弃车惊溃。翰，契丹主之舅也。

十二月，丁巳朔，李谷自书密奏，具言大军危急之势，请车驾幸滑州，遣高行舟、符彦卿扈从，及发兵守澶州、河阳以备虏之奔冲；遣军将关勋走马上之。

己未，帝始闻大军屯中度。是夕，关勋至。庚申，杜威奏请益兵，诏悉发守宫禁者得数百人，赴之。又诏发河北及滑、孟、泽、潞刍粮五十万诣军前，督迫严急，所在鼎沸。辛酉，威又遣从者张祚等来告急，祚等还，为契丹所获，自是朝廷与军前声问两不相通。

时宿卫兵皆在行营，人心懔懔，莫知为计。开封尹桑维翰，以国家危在旦夕，求见帝言事。帝方在苑中调鹰，辞不见。又诣执政言之，执政不以为然。退，谓所亲曰：『晋氏不血食矣！』⑦

帝欲自将北征，李彦韬谏而止。时符彦卿虽任行营职事，帝留之，使戍荆州口。壬戌，诏以归德节度使高行周为北面都部署，以彦卿副之，共戍澶州；以西京留守景延广戍河阳，且张形势。

奉国都指挥使王清言于杜威曰：『今大军去恒州五里，守此何为！营孤食尽，势将自溃。请以步卒二千为前锋，夺桥开道，公帅诸军继之。得入恒州，则无忧矣。』威许诺，遣清与宋彦筠俱进。清战甚锐，契丹不能支，势小却。诸将请以大军继之，威不许。彦筠为契丹所败，浮水抵岸得免，因退走。清独帅麾下陈于水北力战，互有杀伤，屡请救于威，威竟不遣一骑助之。清谓其众曰：『上将握兵，坐观吾辈困急而不救，此必有异志。吾辈当以死报国耳！』众感其言，莫有退者。至暮，战不息。契丹以新兵继之，清及士众尽死。由是诸军皆夺气。清，洺州人也。

甲子，契丹遥以兵环晋营，内外断绝，军中食且尽。杜威与李守贞、宋彦筠谋降契丹。威潜遣腹心诣契丹牙帐，邀求重赏。契丹主绐之曰：『赵延寿威望素浅，恐不能帝中国。汝果降者，当以汝为之。』威喜，遂定降计。丙寅，伏甲召诸将，出降表示之，使署名。诸将骇愕，莫敢言者，但唯唯听命。威遣阁门使高勋赍诣契丹，⑧契丹主赐诏慰纳之。是日，威悉命军士出陈于外，军士皆踊跃，以为且战，威亲谕之曰：『今食尽涂穷，当与汝曹共求生计。』因命释甲。军士皆恸哭，声振原野。威、守贞仍于众中扬言：『主上失德，信任奸邪，猜忌于己。』闻者无不切齿。契丹主遣赵延寿衣赭袍至晋营慰抚士卒，曰：『彼皆汝物也。』杜威以下，皆迎谒于马前，亦以赭袍衣威以示晋军，其实皆戏之耳。以威为太傅，李守贞为司徒。

威引契丹主至恒州城下，谕顺国节度使王周以己降之状，周亦出降。戊辰，契丹主入恒州。遣兵袭代州，⑨刺史王晖以城降之。

先是契丹屡攻易州，[10]刺史郭璘固守拒之。契丹主每过城下，指而叹曰：『吾能吞并天下，而为此人所扼！』及杜威既降，契丹主遣通事耿崇美至易州，诱谕其众，众皆降，璘不能制，遂为崇美所杀。璘，邢州人也。

义武节度使李殷，安国留后方太，皆降于契丹。契丹主以孙方简为义武节度使，麻答为安国节度使，[11]以客省副使马崇祚权知恒州事。

契丹翰林承旨、吏部尚书张砺言于契丹主曰：『今大辽已得天下，[12]中国将相宜用中国人为之，不宜用北人及左右近习。苟政令乖失，则人心不服，虽得之，犹将失之。』契丹主不从。

引兵自邢、相而南，杜威将降兵以从。遣张彦泽将二千骑先取大梁，且抚安吏民，以通事傅住兒为都监。

杜威之降也，皇甫遇初不预谋。[13]契丹主欲遣遇先将兵入大梁，遇辞。退，谓所亲曰：『吾位为将相，败不能死，忍复图其主乎！』至平棘，[14]谓从者曰：『吾不食累日矣，何面目复南行！』遂扼吭而死。

张彦泽倍道疾驱，夜度白马津。[15]壬申，帝始闻杜威等降。是夕，又闻彦泽至滑州，召李崧、冯玉、李彦韬入禁中计事，欲诏刘知远发兵入援。癸酉，未明，彦泽自封丘门斩关而入，李彦韬帅禁兵五百赴之，不能遏。彦泽顿兵明德门外，[16]城中大扰。

帝于宫中起火，自携剑驱后宫十余人将赴火，为亲军将薛超所持。俄而彦泽自宽仁门传契丹主与太后书慰抚之，[17]且召桑维翰、景延广，帝乃命灭火，悉开宫城门。帝坐苑中，与后妃相聚而泣，召翰林学士范质草降表，自称『孙男臣重贵，祸至神惑，运尽天亡。今与太后及妻马氏，举族于郊野面缚待罪次。遣男镇宁节度使延煦、威信节度使延宝，奉国宝一、金印三出迎。』太后亦上表称『新妇李氏妾』。

傅住兒入宣契丹主命，帝脱黄袍，服素衫，再拜受宣，左右皆掩泣。帝使召张彦泽，欲与计事。彦泽曰：『臣无面目见陛下。』帝复召之，彦泽微笑不应。

或劝桑维翰逃去。维翰曰：『吾大臣，逃将安之！』坐而俟命。彦泽以帝命召维翰。维翰至天街，[18]遇李崧，驻马语未毕，有军吏于马前揖维翰赴侍卫司。[19]维翰知不免，顾谓崧曰：『侍中当国，今日国亡，反令维翰死之，何也？』崧有愧色。彦泽倨坐见维翰，维翰责之曰：『去年拔公于罪人之中，复领大镇，授以兵权，[20]何乃负恩至此！』彦泽无以应，遣兵守之。

宣徽使孟承诲，素以佞巧有宠于帝，至是，帝召承诲，欲与之谋，承诲伏匿不至。张彦泽捕而杀之。

彦泽纵兵大掠，贫民乘之，亦争入富室，杀之取其货，二日方止，都城为之一空。彦泽所居宝货山积，自谓有功于契丹，昼夜以酒乐自娱，出入骑从常数百人，其旗帜皆题『赤心为主』，见者笑之。军士擒罪人至前，彦泽不问所犯，但瞋目竖三指，㉑即驱出断其腰领。彦泽素与阁门使高勋不协，乘醉至其家，杀其叔父及弟，尸诸门首。士民不寒而栗。

中书舍人李涛谓人曰：『吾与其逃于沟渎而不免，不若往见之。』乃投刺谒彦泽曰：『上疏请杀太尉人李涛，㉒谨来请死。』彦泽欣然接之，谓涛曰：『舍人今日惧乎？』涛曰：『涛今日之惧，亦犹足下昔年之惧也。曩使高祖用涛言，事安至此！』彦泽大笑，命酒饮之。涛引满而去，旁若无人。

甲戌，张彦泽迁帝于开封府，顷刻不得留，宫中恸哭。帝与太后、皇后乘肩舆，宫人、宦者十余人步从，见者流涕。帝悉以内库金珠自随。彦泽使人讽之曰：『契丹主至，此物不可匿也。』帝悉归之，亦分以遗彦泽，彦泽择取其奇货，而封其余以待契丹。彦泽遣控鹤指挥使李筠以兵守帝，内外不通。帝姑乌氏公主赂守门者，㉓入与帝诀，相持而泣，归第自经死。帝与太后所上契丹主表章，皆先示彦泽，然后敢发。

帝使取内库帛数段，主者不与，曰：『此非帝物也。』又求酒于李崧，崧亦辞以它故不进。又欲见李彦韬，彦韬亦辞不往。帝惆怅久之。

冯玉佞张彦泽，求自送传国宝，冀契丹复任用。

楚国夫人丁氏，延煦之母也，有美色。彦泽使人取之，太后迟回未与。彦泽诟詈，立载之去。

是夕，彦泽杀桑维翰。以带加颈，白契丹主，云其自经。契丹主曰：『吾无意杀维翰，何为如是！』命厚抚其家。

高行周、符彦卿皆诣契丹牙帐降。契丹主以阳城之战为彦卿所败，诘之。彦卿曰：『臣当时惟知为晋主竭力，今日死生惟命。』契丹主笑而释之。

己卯，延煦、延宝自牙帐还，契丹主赐帝手诏，且遣解里谓帝曰：『孙勿忧，必使汝有啖饭之所。』帝心稍安，上表谢恩。

契丹以所献传国宝追琢非工，又不与前史相应，疑其非真，以诏书诘帝，使献真者。帝奏：『顷王从珂自焚，旧传国宝不知所在，必与之俱烬。此宝先帝所为，群臣备知。臣今日焉敢匿宝！』乃止。

帝闻契丹主将渡河，欲与太后于前途奉迎。张彦泽先奏之，契丹主不许。有司又欲使帝衔璧牵羊，㉔大臣舆榇，迎于郊外，先具仪注白契丹主，契丹主曰：『吾遣奇兵直取大梁，非受降也。』亦不许。又诏晋文武群官，一切如故；朝廷制度，并用汉礼。有司欲备法驾迎契丹主，契丹主报曰：『吾主擐甲总戎，太常仪卫，㉕未暇施也。』皆却之。

先是契丹主至相州，即遣兵趣河阳捕景延广。延广苍猝无所逃伏，往见契丹主于封丘。契丹主诘之曰：『致两主失欢，皆汝所为也。十万横磨剑安在！』召乔荣，使相辨证，事凡十条。延广初不服，荣以纸所记语示之，乃服。每服一事，辄授一筹。至八筹，延广但以面伏地请死，乃锁之。

丙戌晦，百官宿于封禅寺。㉖

【注释】

①束城：县名。今河北河间县东北束城。②罾浦：地名。罾，鱼网，福州人在此网鱼，故称。③江州：今江西九江市。判省事：兼判尚书省事。判，高位兼低职或出任地方官。④中度桥：滹沱水流经恒州东南，水上有很多过渡的桥，中度桥是指居于中游者。⑤三股木：用三根木条，交叉捆绑，下端撑开为三足。⑥萧翰：契丹述律阿钵之子。本无姓氏，因其妹嫁给契丹主耶律德光，契丹人称他为国舅。李崧为他造姓名为萧翰，于是始姓萧，以后契丹后族均以萧为氏。⑦血食：古时杀牲取血，用以祭祀，故称血食。不血食指宗庙不祀，即亡国。⑧阁门使：官名。掌供朝会，赞引百官。⑨代州：今山西代县。⑩易州：今河北易县。⑪麻答：本名解里，耶律阿保机的从子。⑫大辽：后晋高祖天福二年（公元937年），契丹改国号为大辽。⑬皇甫遇：后唐、后晋将领。今河北正定人。为人有勇力，善射。初仕后唐，后晋高祖时为神武统军。契丹入侵，他曾击败契丹。杜威投降契丹，他自杀而死。⑭平棘：县名。今河北赵县。⑮白马津：地名。今河北滑县东北，秦、汉白马县西北古黄河南岸，历来为兵家必争之地。⑯明德门：大梁城南门。⑰宽仁门：大梁城东门。⑱天街：宫城正南门外的大街为天街。⑲侍卫司：侍卫亲军马步军都指挥使司的省称。⑳『去年』等三句：后晋高祖时朝野都请求诛杀张彦泽，并罢兵权，去年（公元945年）桑维翰提拔他，让他防御契丹，复领彰国节度使，率兵戍常山。㉑三指：指中指。竖中指，表示中断，即腰斩的意思。㉒上书请杀太尉人：后晋高祖天福七年（公元

942年），李涛上疏请求诛杀张彦泽。㉓乌氏公主：后晋高祖石敬瑭的第十一妹。㉔衔璧：古时候国君死，口含玉。所以战败出降者衔璧表示国亡当死。牵羊：古时候战败者肉袒牵羊到对方军门，表示降服。㉕太常：官名。掌礼乐、社稷郊祀等事宜。仪卫：仪仗与卫士的总称。文的称仪，武的称卫。㉖封禅寺：寺名。在今河南开封市东。

后汉纪

高祖睿文圣武昭肃孝皇帝上

天福十二年 春，正月，丁亥朔，百官遥辞晋主于城北，乃易素服纱帽，迎契丹主，伏路侧请罪。契丹主貂帽、貂裘，衷甲，驻马高阜，命起，改服，抚慰之。左卫上将军安叔千独出班胡语，契丹主曰：『汝安叔千邪？①汝昔镇邢州，已累表输诚，我不忘也。』叔千拜谢呼跃而退。

晋主与太后已下迎于封丘门外，契丹主辞不见。

契丹主入门，民皆惊呼而走。契丹主登城楼，遣通事谕之曰：『我亦人也，汝曹勿惧！会当使汝曹苏息。我无心南来，汉兵引我至此耳。』至明德门，下马拜而后入宫。以其枢密副使刘密权开封尹事。日暮，契丹主复出，屯于赤冈。

戊子，执郑州防御使杨承勋至大梁，责以杀父叛契丹，命左右脔食之。未几，以其弟右羽林将军承信为平卢节度使，悉以其父旧兵授之。

高勋诉张彦泽杀其家人于契丹主，契丹主亦怒彦泽剽掠京城，并傅住儿锁之。以彦泽之罪宣示百官，问：『应死否？』皆言：『应死。』百姓亦投牒争疏彦泽罪。己丑，斩彦泽、住儿于北市，仍命高勋监刑。彦泽前所杀士大夫子孙，皆绖杖号哭，②随而诟詈，以杖扑之。勋命断腕出锁，剖其心以祭死者。市人争破其脑取髓，脔其肉而食之。

契丹送景延广归其国，庚寅，宿陈桥，③夜，伺守者稍怠，扼吭而死。

辛卯，契丹以晋主为负义侯，置于黄龙府。④黄龙府，即慕容氏和龙城也。⑤契丹主使谓李太后曰：『闻重贵不用母命以至于此，可求自便，勿与俱行。』太后曰：『重贵事妾甚谨。所失者，违先君之志，绝两国之欢耳。今幸蒙大恩，全生保家，母不随子，欲何所归！』

癸巳，契丹迁晋主及其家人于封禅寺，遣大同节度使兼侍中河内崔廷勋以兵守之。契丹主数遣使存问，晋主每闻使至，举家忧恐。时雨雪连旬，外无供亿，上下冻馁。太后使人谓寺僧曰：『吾尝于此饭僧数万，今日独无一人相念邪！』僧辞以『虏意难测，不敢献食。』晋主阴祈守者，乃稍得食。

是日，契丹主自赤冈引兵入宫，都城诸门及宫禁门，皆以契丹守卫，昼夜不释兵仗。磔犬于门，⑥以竿悬羊皮于庭为厌胜。[7]契丹主谓晋群臣曰：『自今不修甲兵，不市战马，轻赋省役，天下太平矣。』废东京，降开封府为汴州，尹为防御使。乙未，契丹主改服中国衣冠，百官起居皆如旧制。

赵延寿、张砺共荐李崧之才。会威胜节度使冯道自邓州入朝，契丹主素闻二人名，皆礼重之。未几，以崧为太子太师，充枢密使，道守太傅，[8]于枢密院祗候，以备顾问。

契丹主分遣使者，以诏书赐晋之藩镇。晋之藩镇争上表称臣，被召者无不奔驰而至。惟彰义节度使史匡威据泾州不受命。匡威，建瑭之子也。[9]雄武节度使何重建斩契丹使者，以秦、成、阶三州降蜀。

初，杜重威既以晋军降契丹，[10]契丹主悉收其铠仗数百万贮恒州，驱马数万归其国，遣重威将其众从己而南。及河，契丹主以晋兵之众，恐其为变，欲悉以胡骑拥而纳之河流。或谏曰：『晋兵在他所者尚多，彼闻降者尽死，必皆拒命为患。不若且抚之，徐思其策。』契丹主乃使重威以其众屯陈桥。会久雪，官无所给，士卒冻馁，咸怨重威，相聚而泣。重威每出，道旁人皆骂之。

契丹主犹欲诛晋兵。赵延寿言于契丹主曰：『皇帝亲冒矢石以取晋国，欲自有之乎，将为他人取之乎？』契丹主变色曰：『朕举国南征，五年不解甲，仅能得之，岂为他人乎！』延寿曰：『晋国南有唐，西有蜀，常为仇敌，皇帝亦知之乎？』曰：『知之。』延寿曰：『晋国东自沂、密，西及秦、凤，延袤数千里，边于吴、蜀，常以兵戍之。南方暑湿，上国之人不能居也。他日车驾北归，以晋国如此之大，无兵守之，吴、蜀必相与乘虚入寇，如此，岂非为他人取之乎？』契丹主曰：『我不知也。然则奈何？』延寿曰：『陈桥降卒，可分以戍南边，则吴、蜀不能为患矣。』契丹主曰：『吾昔在上党，失于断割，悉以唐兵授晋。既而返为仇雠，北向与吾战，辛勤累年，仅能胜之。今幸入吾手，不因此时悉除之，岂可复留以为后患乎？』延寿曰：『曩留晋兵于河南，不质其妻子，故有此忧。今若悉徙其家于恒、定、云、朔之间，每岁分番使戍南边，何忧其为变哉！此上策也。』契丹主悦曰：『善！惟大王所以处之。』由是陈桥兵始得免，分遣还营。

契丹主杀右金吾卫大将军李彦绅、宦者秦继旻，以其为唐潞王[11]杀东丹王故也。[12]以其家族赀财赐东丹王之子永康王兀欲。[13]兀欲眇一目，为人雄健好施。

癸卯，晋主与李太后、安太妃、冯后及弟睿、子延煦、延宝俱北迁，后宫左右从者百余人。契丹遣三百骑援送之，又遣晋中书令赵莹、枢密使冯玉、马军都指挥使李彦韬与之俱。晋主在涂，供馈不继，或时与太后俱绝食，旧臣无敢进谒者。独磁州刺史李谷迎谒于路，相对泣下。谷曰：『臣无状，负陛下。』因倾赀以献。晋主至中度桥，见杜重威寨，叹曰：『天乎！我家何负，为此贼所破！』恸哭而去。

【注释】

①安叔千：沙陀三部落人，字胤宗，善骑射，唐明宗时以功拜昭武军节度使。契丹入大梁，他迎契丹主耶律德光于赤冈，被任命为镇国军节度使。不久罢归。后为郭威手下的士卒拷打，伤重而死。安没字：安叔千虽然相貌堂堂，但不通文字，所为鄙陋，所以人称他为『没字碑』。②绖杖：绖，古代丧期结在头上或腰间的麻带，这里泛指孝服。杖，即苴杖，古代居父母丧时所用的竹杖。③陈桥：地名，今河南开封市东北陈桥镇。④黄龙府：地名，今吉林农安县。⑤和龙城：地名，今辽宁朝阳县。⑥磔：分裂肢体。古时的一种酷刑。此处指分裂祭牲以祭神。⑦厌胜：古时迷信认为能以诅咒制服人或物。⑧守：署理。官阶低而署高官叫守。⑨建瑭：指史建瑭后唐大臣。今山西代县人。初为先锋，数次打败后梁兵，后梁兵中相戒要『常避史先锋』。⑩杜重威：即杜威。他初名杜重威，因避后晋出帝石重贵讳，改名为杜威，后晋亡后，他又复旧名。⑪潞王：即后唐末帝李从珂，公元934～936年在位。本姓王，名阿三，父早死，其母魏氏被后唐明宗李嗣源纳为妃，遂改名为李从珂，封潞王。长兴四年（公元933年），起兵反，杀后唐闵帝李从厚，即位，改元清泰。清泰三年（公元936年），河东节度使石敬瑭勾结契丹兵围洛阳，李从珂率领全家登楼自焚而死。⑫东丹王：即耶律倍。辽太祖耶律阿保机长子。神册初立为太子。阿保机死后，由于太后的意思，他让位于弟德光，是为太宗。太宗即位后，他被猜疑，徙居东平（今辽宁开原），后唐明宗以书招之，赐姓名为李赞华，镇守滑州。他常与故国通问。后为李从珂杀害。⑬兀欲：即辽世宗耶律阮，小字兀欲，东丹王耶律倍之子。公元947年继耶律德光为皇帝，公元951年，助河东节度使刘崇进攻后周，他率兵亲征，至新州火神淀被耶律察割等杀死。谥孝和皇帝，庙号世宗。

癸丑，蜀主以左千牛卫上将军李继勋为秦州宣慰使。

契丹主以前燕京留守刘晞为西京留守，永康王兀欲之弟留珪为义成节度使，族人郎五为镇宁节度使，兀欲姊婿潘聿撚为横海节度使，赵延寿之子匡赞为护国节度使，汉将张彦超为雄武节度使，史佺为彰义节度使，客省副使刘晏僧为忠武节度使，前护国节度使侯益为凤翔节度使，权知凤翔府事焦继勋为保大节度使。晞，涿州人也。既而何重建附蜀，史匡威不受代，契丹势稍沮。

晋昌节度使赵在礼入朝，[1]其裨将留长安者作乱，节度副使建人李肃讨诛之，军府以安。[2]

晋主之绝契丹也，匡国节度使刘继勋为宣徽北院使，颇预其谋。契丹主入汴，继勋入朝，契丹主责之。时冯道在殿上，继勋急指道曰：『冯道为首相，与景延广实为此谋。臣位卑，何敢发言！』契丹主曰：『此叟非多事者，勿妄引之！』命锁继勋，将送黄龙府。

赵在礼至洛阳，谓人曰：『契丹主尝言庄宗之乱由我所致。[3]我此行良可忧。』契丹主遣契丹将述轧、奚王拽刺、勃海将高谟翰戍洛阳，在礼入谒，拜于庭下，拽刺等皆踞坐受之。乙卯，在礼至郑州，闻继勋被锁，大惊，夜，自经于马枥间。契丹主闻在礼死，乃释继勋，继勋忧愤而卒。

刘晞在契丹尝为枢密使、同平章事，至洛阳，诟奚王曰：『赵在礼汉家大臣，尔北方一酋长耳，安得慢之如此！』立于庭下以挫之。由是洛人稍安。

契丹主广受四方贡献，大纵酒作乐，每谓晋臣曰：『中国事，我皆知之；吾国事，汝曹弗知也。』

赵延寿请给上国兵廪食，契丹主曰：『吾国无此法。』乃纵胡骑四出，以牧马为名，分番剽掠，谓之『打草谷』。丁壮毙于锋刃，老弱委以沟壑，自东、西南畿及郑、滑、曹、濮，[4]数百里间，财畜殆尽。

契丹主谓判三司刘昫曰：『契丹兵三十万，既平晋国，应有优赐，速宜营办。』时府库空竭，昫不知所出，请括借都城士民钱帛，自将相以下皆不免。又分遣使者数十人诣诸州括借，皆迫以严诛，人不聊生。其实无所颁给，皆蓄之内库，欲辇归其国。于是内外怨愤，始患苦契丹，皆思逐之矣。

初，晋主与河东节度使、中书令、北平王刘知远相猜忌，虽以为北面行营都统，徒尊以虚名，而诸军进止，实不得预闻。知远因之广募士卒。阳城之战，诸军散卒归之者数千人，又得吐谷浑财畜，由是河东富强冠诸镇，步骑至五万人。

晋主与契丹结怨，知远知其必危，而未尝论谏。契丹屡深入，知远初无邀遮、入援之志。及闻契丹入汴，知远分兵守四境以防侵轶。遣客将安阳王峻奉三表诣契丹主：一，贺入汴；二，以太原夷、夏杂居，戍兵所聚，未敢离镇；三，以应有贡物，值契丹将刘九一军自土门西入屯于南川，⑤城中忧惧，俟召还此军，道路始通，可以入贡。契丹主赐诏褒美，及进书，亲加『儿』字于知远姓名之上，仍赐以木拐。胡法，优礼大臣则赐之，如汉赐几仗之比，惟伟王以叔父之尊得之。

知远又遣北都副留守太原白文珂入献奇缯名马，契丹主知知远观望不至，及文珂还，使谓知远曰：『汝不事南朝，又不事北朝，意欲何所俟邪？』蕃汉孔目官郭威言于知远曰：『虏恨我深矣！王峻言契丹贪残失人心，必不能久有中国。』

或劝知远举兵进取。知远曰：『用兵有缓有急，当随时制宜。今契丹新降晋军十万，虎据京邑，未有他变，岂可轻动哉！且观其所利止于货财，货财既足，必将北去。况冰雪已消，势难久留，宜待其去，然后取之，可以万全。』

昭义节度使张从恩，⑥以地迫怀、洛，欲入朝于契丹，遣使谋于知远。知远曰：『我以一隅之地，安敢抗天下之大！君宜先行，我当继往。』从恩以为然。判官高防谏曰：『公晋室懿亲，⑦不可轻变臣节。』从恩不从。左骁卫大将军王守恩，与从恩姻家，时在上党，从恩以副使赵行迁知留后，牒守恩权巡检使，与高防佐之，遂行。守恩，建立之子也。⑧

荆南节度使高从诲遣使入贡于契丹，契丹遣使以马赐之。从诲亦遣使诣河东劝进。

唐主立齐王景遂为皇太弟。徙燕王景达为齐王，领诸道兵马元帅。徙南昌王弘冀为燕王，为之副。

景遂尝与宫僚燕集，赞善大夫元城张易有所规谏，⑨景遂方与客传玩玉杯，弗之顾，易怒曰：『殿下重宝而轻士。』取杯抵地碎之，众皆失色。景遂敛容谢之，待易益厚。

景达性刚直，唐主与宗室近臣饮，冯延已、延鲁、魏岑、陈觉辈，极倾谄之态，或乘酒喧笑。景达屡诃责之，复极言谏唐主，以不宜亲近佞臣。延已以二弟立非已意，欲以虚言德之。尝宴东宫，阳醉，抚景达背曰：『尔不可忘我！』景达大怒，拂衣入禁中白唐主，请斩之。唐主谕解，乃止。张易谓景达曰：『群小交构，祸福所系。殿下力未能去，数面折之，使彼惧而为备，何所不至！』自是每游宴，景达多辞疾不预。

唐主遣使贺契丹灭晋，且请诣长安修复唐室诸陵。契丹不许，而遣使报之。

晋密州刺史皇甫晖，棣州刺史王建，皆避契丹，帅众奔唐。淮北贼帅多请命于唐。

唐虞部员外郎史馆修撰韩熙载上疏，⑩以为：『陛下恢复祖业，今也其时。若虏主北归，中原有主，则未易图也。』时方连兵福州，未暇北顾。唐人皆以为恨，唐主亦悔之。

契丹主召晋百官悉集于庭，问曰：『吾国广大，方数万里，有君长二十七人。今中国之俗异于吾国，吾欲择一人君之，如何？』皆曰：『天无二日。夷、夏之心，皆愿推戴皇帝。』如是者再。契丹主乃曰：『汝曹既欲君我，今兹所行，何事为先？』对曰：『王者初有天下，应大赦。』二月，丁巳朔，契丹主服通天冠、绛纱袍，登正殿，设乐悬、仪卫于庭。⑪百官朝贺，华人皆法服，胡人仍胡服，立于文武班中间。下制称大辽会同十年，大赦。仍云：『自今节度使、刺史，毋得置牙兵，市战马。』

赵延寿以契丹主负约，心怏怏，令李崧言于契丹主曰：『汉天子所不敢望，乞为皇太子。』崧不得已为言之。契丹主曰：『我于燕王，虽割吾肉，有用于燕王，吾无所爱。然吾闻皇太子当以天子儿为之，岂燕王所可为也！』因令为燕王迁官。时契丹以恒州为中京，翰林承旨张砺奏拟燕王中京留守、大丞相、录尚书事、都督中外诸军事，枢密使如故。契丹主取笔涂去『录尚书事都督中外诸军事』而行之。

【注释】

①赵在礼（公元886或882～947年）：后唐大臣。字干臣，涿州（今河北涿县）人。庄宗时为效节指挥使，明宗时历任邺都留守、沧州、同州节度使。入后晋后尝兼侍中。契丹入汴后，他拜见契丹奚王拽剌，因受辱自杀。②军府：本指储藏军用器械的府库，又指将帅的府署，这里代指兵营。③庄宗之乱：后唐庄宗同光四年（公元926年），贝州军率皇甫晖和效节指挥使赵在礼合谋发动兵变。④两畿：唐制，大梁（开封）的属县为东畿，洛阳的属县为西畿，两京除赤县外，其余县为畿县。⑤南川：晋阳城南之地。⑥张从恩：太原人。后晋时以外戚擢右金吾卫将军，镇潞州。契丹入汴，他降契丹，拜右卫上将军。后周时封褒国公。北宋初改封许国公。⑦晋室懿亲：晋少帝的前妃张氏，天福八年（公元943年）进册皇后，张从恩是她的亲族。⑧建立：即王建立，辽州人。初仕后唐为天平军节度使，后晋时转平卢军节度使、昭义节度使，封韩王。⑨张易：后唐官吏。官至勤政殿学士，判御史台。今河北大名东北人。⑩虞部员外郎：官名。北朝始置虞部尚书，唐五代时改为虞部郎中、员外郎，属工部，掌京城街巷种植、山泽苑囿、

草本薪炭等事。⑪乐悬：这里指悬挂着的乐器。

壬戌，蜀李继勋与兴州刺史刘景攻固镇，拔之。乙丑，何重建请出蜀兵与阶成兵共扼散关以取凤州，①丙寅，蜀主发山南兵三千七百赴之。

刘知远闻何重建降蜀，叹曰：『戎狄凭陵，中原无主，令藩镇外附，吾为方伯，②良可愧也！』

于是将佐劝知远称尊号，以号令四方，观诸侯去就。知远不许。闻晋主北还，声言欲出兵井陉，迎归晋阳。丁卯，命武节都指挥使荥泽史弘肇集诸军于毬场，③告以出师之期。军士皆曰：『今契丹陷京城，执天子，天下无主。主天下者，非我王而谁！④宜先正位号，然后出师。』争呼万岁不已。知远曰：『虏势尚强，吾军威未振，当且建功业。士卒何知！』命左右遏止之。

己巳，行军司马潞城张彦威等三上笺劝进，知远疑未决。郭威与都押牙冠氏杨邠入说知远曰：『今远近之心，不谋而同，此天意也。王不乘此际取之，谦让不居，恐人心且移，移则反受其咎矣。』知远从之。

契丹以其将刘愿为保义节度副使，陕人苦其暴虐。奉国都头王晏与指挥使赵晖、都头侯章谋曰：『今胡虏乱华，乃吾属奋发之秋。河东刘公，威德远著，吾辈若杀愿，举陕城归之，为天下唱，取富贵如反掌耳。』晖等然之。晏与壮士数人，夜逾牙城入府，出库兵以给众。庚午旦，斩愿首，悬诸府门，又杀契丹监军，奉晖为留后。晏，徐州；晖，澶州；章，太原人也。

辛未，刘知远即皇帝位。自言未忍改晋国，又恶开运之名，乃更称天福十二年。壬申，诏：『诸道为契丹括钱率帛者，皆罢之。其晋臣被迫胁为使者勿问，令诣行在。自余契丹，所在诛之。』

何重建遣宫苑使崔延琛将兵攻凤州，不克，退保固镇。

甲戌，帝自将东迎晋主及太后。至寿阳，闻已过恒州数日，乃留兵戍承天军而还。⑤

晋主既出塞，契丹无复供给，从官、宫女，皆自采木实、草叶而食之。至锦州，契丹令晋主及后妃拜契丹主阿保机墓。晋主不胜屈辱，泣曰：『薛超误我！』冯后阴令左右求毒药，欲与晋主俱自杀，不果。

契丹主闻帝即位，以通事耿崇美为昭义节度使，高唐英为彰德节度使，崔廷勋为河阳节度使，以控扼要害。

初，晋置乡兵，号天威军。教习岁余，村民不闲军旅，竟不可用。悉罢之，但令七户输钱十千，其铠仗悉输官。而无赖子弟，不复肯复农业，山林之盗，自是而繁。及契丹入汴，纵胡骑打草谷。又多以其子弟及亲信左右为节度使、刺史，不通政事，华人之狡狯者多往依其麾下，教之妄作威福，掊敛货财，民不堪命。于是所在相聚为盗，多者数万人，少者不减千百，攻陷州县，杀掠吏民。滏阳贼帅梁晖，有众数百，送款晋阳求效用，帝许之。磁州刺史李谷密通表于帝，令晖袭相州。晖侦知高唐英未至，相州积兵器，无守备。丁丑夜，遣壮士逾城入，启关纳其众，杀契丹数百，其守将突围走，晖据州自称留后，表言其状。

【注释】①散关：地名。今陕西宝鸡市西南大散岭上。②方伯：本指方诸侯之长，后来也泛称地方长官为方伯。因后晋任命刘知远为北面行营都统，为各藩镇之首领，因此他自称为方伯。③毬场：习武场。④王：当时刘知远被封为北平王，故称。⑤承天军：地名。今山西平定县东北娘子关。

戊寅，帝还至晋阳，议率民财以赏将士，夫人李氏谏曰：『陛下因河东创大业，未有以惠泽其民，而先夺其生生之资，殆非新天子所以救民之意也。今宫中所有，请悉出之以劳军，虽复不厚，人无怨言。』帝曰：『善！』即罢率民，倾内府蓄积以赐将士，中外闻之，大悦。李氏，晋阳人也。

吴越内都监程昭悦，多聚宾客，畜兵器，与术士游。吴越王弘佐欲诛之，谓水丘昭券曰：『汝今夕帅甲士千人围昭悦第。』昭券曰：『昭悦，家臣也，有罪当显戮，不宜夜兴兵。』弘佐曰：『善！』命内牙指挥使储温伺昭悦归第，执送东府，[1]己卯，斩之。释钱仁俊之囚。

武节都指挥使史弘肇攻代州，拔之，斩王晖。

建雄留后刘在明朝于契丹，以节度副使骆从朗知州事。帝遣使者张晏洪等如晋州，谕以已即帝位，从朗皆囚之。大将药可俦杀从朗，推晏洪权留后，庚辰，遣使以闻。

契丹主遣右谏议大夫赵熙使晋州，括率钱帛，征督甚急。从朗既死，民相帅共杀熙。

契丹主赐赵晖诏，即以为保义留后。晖斩契丹使者，焚其诏，遣支使河间赵矩奉表诣晋阳。[2]契丹遣其将高模翰攻晖，不克。帝见矩，甚喜，曰：『子挈咽喉之地以归我，天下不足定也！』矩因劝帝早引兵南向以副天下之望，帝善之。

辛巳，以晖为保义节度使，侯章为镇国节度使、保义军马步都指挥使，王晏为绛州防御使、保义军马步副指挥使。

高防与王守恩谋，遣指挥使李万超白昼帅众大噪入府，斩赵行迁，推守恩权知昭义留后。守恩杀契丹使者，举镇来降。

镇宁节度使耶律郎五，性残虐，澶州人苦之。贼帅王琼帅其徒千余人，夜袭据南城，北度浮航，纵兵大掠，围郎五于牙城。契丹主闻之，甚惧，始遣天平节度使李守贞、天雄节度使杜重威还镇，由是无久留河南之意。[3]遣兵救澶州，琼退屯近郊，遣其弟超奉表来求救。癸未，帝厚赐超，遣还。琼兵败，为契丹所杀。

蜀主加雄武节度使何重建同平章事。

延州录事参军高允权，万金之子也。彰武节度使周密，暗而贪，将士作乱，攻之。密败，保东城。[4]众以允权家世延帅，推为留后，据西城。密，应州人也。

丹州都指挥使高彦珣杀契丹所署刺史，自领州事。

契丹述律太后遣使以其国中酒馔脯果赐契丹主，贺平晋国。契丹主与群臣宴于永福殿，每举酒，立而饮之，曰：『太后所赐，不敢坐饮。』

唐王淑妃与郇公从益居洛阳。赵延寿娶明宗女为夫人，淑妃诣大梁会礼。契丹主见而拜之曰：『吾嫂也。』统军刘遂凝因淑妃求节钺，[5]契丹主以从益为许王、威信节度使，遂凝为安远节度使。淑妃以从益幼，辞不赴镇，复归于洛。

契丹主以张砺为右仆射兼门下侍郎、同平章事，左仆射和凝兼中书侍郎、同平章事。司空兼门下侍郎、同平章事刘昫，以目疾辞位，罢为太保。

东方群盗大起，陷宋、亳、密三州。契丹主谓左右曰：『我不知中国之人难制如此！』亟遣泰宁节度使安审琦、武宁节度使符彦卿等归镇，仍以契丹兵送之。

彦卿至埇桥，[6]贼帅李仁恕帅众数万急攻徐州。彦卿与数十骑至城下，扬鞭欲招谕之，仁恕控彦卿马，请从相公入城。[7]彦卿子昭序，自城中遣军校陈守习缒而出，呼于贼中曰：『相公已陷虎口，听相公助贼攻城，城不可得也。』

贼知不可劫，乃相帅罗拜于彦卿马前，乞赦其罪。彦卿与之誓，乃解去。

三月，丙戌朔，契丹主服赭袍，坐崇元殿，⑧百官行入阁礼。⑨

戊子，帝遣使以诏书安集农民保聚山谷避契丹之患者。

辛卯，高允权奉表来降。帝谕允权听周密诣行在，密遂弃东城来奔。

壬辰，高彦珣以丹州来降。

蜀翰林承旨李昊谓枢密使王处回曰：『敌复据固镇，则兴州道绝，不复能救秦州矣。请遣山南西道节度使孙汉韶将兵急攻凤州。』癸巳，蜀主命汉韶诣凤州行营。

契丹主复召晋百官，谕之曰：『天时向暑，吾难久留，欲暂至上国省太后。当留亲信一人于此为节度使。』百官请迎太后。契丹主曰：『太后族大，如古柏根，不可移也。』契丹主欲尽以晋之百官自随。或曰：『举国北迁，恐摇人心，不如稍稍迁之。』乃诏有职事者从行，余留大梁。复以汴州为宣武军，以萧翰为节度使。翰，述律太后之兄子，其妹复为契丹主后。翰始以萧为姓，自是契丹后族皆称萧氏。

吴越复发水军，遣其将余安将之，自海道救福州。己亥，至白虾浦。海岸泥淖，须布竹箦乃可行，唐之诸军在城南者，聚而射之，箦不得施。冯延鲁曰：『城所以不降者，恃此救也。今相持不战，徒老我师，不若纵其登岸尽杀之，则城不攻自降矣。』裨将孟坚曰：『浙兵至此，⑩不能进退，求一战而死不可得。若听其登岸，彼必致死于我，其锋不可当，安能尽杀乎！』延鲁不听，曰：『吾自击之。』吴越兵既登岸，大呼奋击，延鲁不能御，弃众而走，孟坚战死。吴越兵乘胜而进，城中兵亦出，夹击唐兵，大破之。唐城南诸军皆遁，吴越兵追之。王崇文以牙兵三百拒之，诸军陈于崇文之后，追者乃还。

或言浙兵欲弃福州，拔李达之众归钱唐。东南守将刘洪进等白王建封，请纵其尽出而取其城。留从效不欲福州之平，建封亦忿陈觉等专横，乃曰：『吾军败矣，安能与人争城！』是夕，烧营而遁，城北诸军亦相顾而溃。冯延鲁引佩刀自刺，亲吏救之，不死。唐兵死者二万余人，委弃军资器械数十万，府库为之耗竭。

余安引兵入福州，李达举所部授之。

留从效引兵还泉州，谓唐戍将曰：『泉州与福州世为仇敌，⑪南接岭海瘴疠之乡，⑫地险土瘠。比年军旅屡兴，农桑废业，冬征夏敛，仅能自赡，岂劳大军久戍于此！』置酒饯之，戍将不得已引兵归。唐主不能制，加从效检校太傅。

【注释】①东府：宰相和中书所居之地。②支使：官名。这里是指节度使（留后）属官下的支使。③河南：地名，今河南开封市。④东城：延州有东、西两城，中间以深涧相隔。⑤节钺：符节和斧钺。古时大将任职时皇帝授以节钺，这里求节钺是指要求担任节度使。⑥埇桥：地名。在今安徽省宿县南古汴水上。⑦相公：古时对人的尊称。⑧崇元殿：汴宫的正衙殿。⑨入阁：阁，『阁』的异体字。皇帝御便殿，群臣入见，称入阁。⑩浙兵：即吴越兵。⑪泉州与福州世为仇敌：唐末，王潮兄弟自泉州攻福州；留从效先是以泉州兵击败福州兵，又会南唐兵围攻福州，故称泉州与福州世为仇敌。⑫岭海：漳泉之地，东南临海，西南接潮州，即岭南之境。瘴疠：山林湿热地区流行的恶性疾病。

壬寅，契丹主发大梁，晋文武诸司从者数千人，诸军吏卒又数千人，宫女、宦官数百人，尽载府库之实以行，所留乐器仪仗而已。夕宿赤冈，契丹主见村落皆空，命有司发榜数百通，所在招抚百姓，然竟不禁胡骑剽掠。丙午，契丹［主］自白马渡河，谓宣徽使高勋曰：『吾在上国，以射猎为乐，至此令人悒悒。今得归，死无恨矣。』

蜀孙汉韶将兵二万攻凤州，军于固镇，分兵扼散关以绝援路。

张筠、余安皆还钱唐，吴越王弘佐遣东南安抚使鲍修让将兵戍福州，以东府安抚使钱弘倧为丞相。①

庚戌，以皇弟北京马步都指挥使崇行太原尹，知府事。

辛亥，契丹主将攻相州，梁晖请降，契丹主赦之，许以为防御使。晖疑其诈，复乘城拒守。夏，四月，己未，未明，契丹主命蕃、汉诸军急攻相州，食时克之，悉杀城中男子，驱其妇女而北，胡人掷婴孩于空中，举刃接之以为乐。留高唐英守相州。唐英阅城中，遗民男女得七百余人。其后节度使王继弘敛城中髑髅瘗之，凡得十余万。或告磁州刺史李谷谋举州应汉，契丹主执而诘之，谷不服，契丹主引手于车中，若取所获文书者。谷知其诈，因请曰：『必有其验，乞显示之。』凡六诘，谷辞气不屈，乃释之。

帝以从弟北京马军都指挥使信领义成节度使，充侍卫马军都指挥使，武节都指挥使史弘肇领忠武节度使，充步军都指挥使，右都押牙杨邠权枢密使，蕃汉兵马都孔目官郭威权副枢密使，两使都孔目官南乐王章权三司使。

癸亥，立魏国夫人李氏为皇后。

契丹主见所过城邑丘墟，谓蕃、汉群臣曰：『致中国如此，皆燕王之罪也。』顾张砺曰：『尔亦有力焉。』

甲子，帝以河东节度判官长安苏逢吉、观察判官苏禹珪为中书侍郎、[2]同平章事。禹珪，密州人也。

振武节度使、府州团练使折从远入朝，更名从阮，置永安军于府州，[3]以从阮为节度使。又以河东左都押牙刘铢为河阳节度使。[4]铢，陕人也。

契丹昭义节度使耿崇美屯泽州，将攻潞州。乙丑，诏史弘肇将步骑万人救之。

丙寅，以王守恩为昭义节度使，高允权为彰武节度使，又以岢岚军使郑廉为忻州刺史，[5]领彰国节度使兼忻、代二州义军都部署。丁卯，以缘河巡检使阎万进为岚州刺史，[6]领振武节度使兼岚、宪二州义军都制置使。[7]帝闻契丹北归，欲经略河南，故以弘肇为前驱，又遣谦万进出北方以分契丹兵势。万进，并州人也。

【注释】

①东府：吴越以越州（治所在今浙江绍兴）为东府。钱弘倧：文穆王钱元瓘第七子，钱弘佐弟。继钱弘佐为吴越国君，天福十二年（公元 947 年）在位，在位约一年。因不满内牙统军使胡进思专权，被废。后数十年乃卒。谥曰忠逊王。②苏禹珪：今山东诸城人。字元锡，以五经中第，后汉高祖时累官至尚书左仆射，与苏逢吉等受顾命立少主。郭威建立后周，他守司空。世宗嗣位，封莒国公。③府州：今陕西府谷县。④刘铢：陕州人。与高祖刘知远有旧，刘知远即位，授永兴军节度使。他用法苛严，民有犯法者，问其年龄几何，即随其数杖之，称为随年杖。每杖一人，必两仗同下，称为合欢杖。隐帝时权知开封府。郭威兵犯京师，他将郭威家属全部杀掉。郭威入京师后，他被执，枭首于市。⑤岢岚军：治所在今山西岢岚县。⑥岚州：今山西岚县北之岚城。⑦宪：宪州，地名。今山西静乐县西南娄烦。

契丹主以船数十艘载晋铠仗，将自汴溯河归其国，命宁国都虞候榆次武行德将士卒千余人部送之。[1]至河阴，[2]行德与将士谋曰：『今为虏所制，将远去乡里。人生会有死，安能为异域之鬼乎！虏势不能久留中国，不若共逐其党，坚守河阳，以俟天命之所归者而臣之，岂非长策乎！』众以为然。行德即以铠仗授之，相与杀契丹监军使。会契丹河阳节度使崔廷勋以兵送耿崇美之潞州，行德遂乘虚入据河阳，众推行德为河阳都部署。行德遣弟行友奉蜡表间道诣晋阳。

契丹遣武定节度使方太诣洛阳巡检，③至郑州。州有戍兵，共迫太为郑王。梁嗣密王朱乙逃祸为僧，嵩山贼帅张遇得之，立以为天子，取嵩岳神衮冕以衣之，帅众万余袭郑州，太击走之。太以契丹尚强，恐事不济，说谕戍兵，欲与之俱西，众不从，太自西门逃奔洛阳。戍兵既失太，反谮太于契丹，云胁我为乱。太遣子师朗自诉于契丹，契丹将麻荅杀之，太无以自明。会群盗攻洛阳，契丹留守刘晞弃城奔许州，太乃入府行留守事，与巡检使潘环击群盗却之，张遇杀朱乙请降。伊阙贼帅自称天子，誓众于南郊坛，将入洛阳，太逆击，走之。

太欲自归于晋阳，武行德使人诱太曰：『我裨校也，公旧镇此地，今虚位相待。』太信之，至河阳，为行德所杀。

萧翰遣高谟翰援送刘晞自许还洛阳，晞疑潘环构其众逐己，使谟翰杀之。

戊辰，武行友至晋阳。

庚午，史弘肇奏遣先锋将马诲击契丹，斩首千余级。时耿崇美、崔廷勋至泽州，闻弘肇兵已入潞州，不敢进，引众而南。弘肇遣诲追击，破之，崇美、廷勋与奚王拽剌退保怀州。④

辛未，以武行德为河阳节度使。

契丹主闻河阳乱，叹曰：『我有三失，宜天下之叛我也！诸道括钱，一失也；令上国人打草谷，二失也；不早遣诸节度使还镇，三失也。』

唐主以矫诏败军，皆陈觉、冯延鲁之罪，壬申，诏赦诸将，议斩二人以谢中外。御史中丞江文蔚对仗弹冯延已、魏岑曰：⑤『陛下践阼以来，所信任者，延已、延鲁、岑、觉四人而已，皆阴狡弄权，壅蔽聪明，排斥忠良，引用群小，谏争者逐，窃议者刑，上下相蒙，道路以目。今觉、延鲁虽伏辜，而延已、岑犹在，本根未殄，枝干复生。同罪异诛，人心疑惑。』又曰：『上之视听，惟在数人，虽日接群臣，终成孤立。』又曰：『在外者握兵，居中者当国。』又曰：『岑、觉、延鲁，更相违戾，彼前则我却，彼东则我西。天生五材，⑥国之利器，一旦为小人忿争妄动之具。』又曰：『征讨之柄，在岑折简，⑦帑藏取与，系岑一言。』唐主以文蔚所言为太过，怒，贬江州司士参军。械送觉、延鲁至金陵。宋齐丘以尝荐觉使福州，上表待罪。

诏流党于蕲州，延鲁于舒州。⑧知制诰会稽徐铉、史馆修撰韩熙载上疏曰：『党、延鲁罪不容诛，但齐丘、延已为之陈请，故陛下赦之。擅兴者不罪，⑨则疆场有生事者矣；丧师者获存，则行陈无效死者矣。请行显戮以重军威。』不从。

中书侍郎、同平章事冯延已罢为太弟少保，贬魏岑为太子洗马。

韩熙载屡言宋齐丘党与必为祸乱。齐丘奏熙载嗜酒猖狂，贬和州司士参军。

乙亥，凤州防御使石奉頵举州降蜀。奉頵，晋之宗属也。

契丹主至临城，得疾，及栾城，病甚，苦热，聚冰于胸腹手足，且啖之。丙子，至杀胡林⑩而卒。国人剖其腹，实盐数斗，载之北去，晋人谓之『帝羓』。⑪

赵延寿恨契丹主负约，谓人曰：『我不复入龙沙矣。』⑫即日，先引兵入恒州，契丹永康王兀欲及南北二王，各以所部兵相继而入。延寿欲拒之，恐失大援，乃纳之。

时契丹诸将已密议奉兀欲为主，兀欲登鼓角楼受叔兄拜。而延寿不之知，自称受契丹皇帝遗诏，权知南朝军国事，仍下教布告诸道，所以供给兀欲与诸将同，兀欲衔之。恒州诸门管钥及仓库出纳，兀欲皆自主之。延寿使人请之，不与。

契丹主丧至国，述律太后不哭，曰：『待诸部宁壹如故，则葬汝矣。』

帝之自寿阳还也，留兵千人戍承天军。戍兵闻契丹北还，不为备。契丹袭击之，戍兵惊溃；契丹焚其市邑，一日狼烟百余举。帝曰：『此虏将遁，张虚势也。』遣亲将叶仁鲁将步骑三千赴之。会契丹出剽掠，仁鲁乘虚大破之，丁丑，复取承天军。

冀州人杀契丹刺史何行通，推牢城指挥使张廷翰知州事。廷翰，冀州人，符习之甥也。

或说赵延寿曰：『契丹诸大人数日聚谋，此必有变。今汉兵不减万人，不若先事图之。』延寿犹豫不决。壬午，延寿下令，以来月朔日于待贤馆上事，受文武官贺。其仪：宰相、枢密使拜于阶上，节度使以下拜于阶下。李崧以虏意不同，事理难测，固请赵延寿未行此礼，乃止。

【注释】

①武行德：榆次人。相貌奇伟，家贫，卖柴自给，见识于石敬瑭，官至都虞侯。后契丹至汴，为契丹所获。他

在护送契丹回北方的途中，杀契丹使者，据守河阳，旋归后汉刘知远，迁河南尹。北宋初，积官至太子太傅，致仕卒。

②河阴：地名。今河南郑州市西北。③武定：方镇名，今陕西西乡县。④怀州：今河南沁阳县。⑤江文蔚：南唐大臣。字君章，今福建建阳人。后唐为河南府抚官，因弹劾宰相冯延巳等，被贬江州。⑥五材：指金、木、水、火、土。

⑦折简：比喻礼轻、随便。⑧舒州：今安徽潜山县。⑨擅兴：没有皇帝诏旨而擅自发兵，称为擅兴，其罪当死。⑩杀胡林：地名。大概因为契丹主死在这里，时人便称之为杀胡林。⑪羓：干肉。⑫龙沙：卢龙（唐方镇名，治所在幽州，即今北京市城区西南）山后就是大沙漠，故称之为龙沙。

高祖睿文圣武昭肃孝皇帝中

天福十二年 五月，乙酉塑，永康王兀欲召延寿及张砺、和凝、李崧、冯道于所馆饮酒。兀欲妻素以兄事延寿，兀欲从容谓延寿曰：『妹自上国来，宁欲见之乎？』延寿欣然与之俱入。良久，兀欲出，谓砺等曰：『燕王谋反，适已锁之矣。』又曰：『先帝在汴时，遗我一筹，许我知南朝军国。近者临崩，别无遗诏。而燕王擅自知南朝军国，岂理邪！』下令：『延寿亲党，皆释不问。』间一日，兀欲至待贤馆受蕃、汉官谒贺，笑谓张砺等曰：『燕王果于此礼上，吾以铁骑围之，诸公亦不免矣。』

后数日，集蕃、汉之臣于府署，宣契丹主遗制。[1]其略曰：『永康王，大圣皇帝之嫡孙，[2]人皇王之长子，[3]太后钟爱，群情允归，可于中京即皇帝位。』[4]于是始举哀成服。既而易吉服见群臣，不复行丧，歌吹之声不绝于内。

辛巳，以绛州防御使王晏为建雄节度使。

帝集群臣庭议进取，诸将咸请出师井陉，攻取镇、魏，先定河北，则河南拱手自服。帝欲自石会趋上党，[5]郭威曰：『虏主虽死，党众犹盛，各据坚城。我出河北，兵少路迂，傍无应援，若群虏合势，共击我军，进则遮前，退则邀后，粮饷路绝，此危道也。上党山路险涩，粟少民残，无以供亿，亦不可由。近者陕、晋二镇，相继款附，引兵从之，万无一失，不出两旬，洛、汴定矣。』帝曰：『卿言是也。』苏逢吉等曰：『史弘肇大军已屯上党，群虏继遁，不若出天井，[6]抵孟津为便。』司天奏：『太岁在午，不利南行。宜由晋、绛抵陕。』帝从之。辛卯，诏以十二日发北京，[7]告谕诸道。

甲午，以太原尹崇为北京留守，以赵州刺史李存瑰为副留守，河东幕僚真定李骧为少尹，牙将太原蔚进为马步指挥使以佐之。存瑰，唐庄宗之从弟也。

是日，刘晞弃洛阳，奔大梁。

武安节度副使、天策府都尉、领镇南节度使马希广，楚文昭王希范之母弟也，性谨顺，希范爱之，使判内外诸司事。壬辰夜，希范卒，将佐议所立。都指挥所张少敌，都押牙袁友恭，以武平节度使知永州事希萼，于希范诸弟为最长，请立之。长直都指挥使刘彦瑫、天策府学士李弘皋、邓懿文、小门使杨涤皆欲立希广。[8]张少敌曰：『永州齿长而性刚，必不为都尉之下明矣。必立都尉，当思长策以制永州，使帖然不动则可。不然，社稷危矣。』彦瑫等不从。天策府学士拓跋恒曰：『三十五郎虽判军府之政，⑨然三十郎居长，请遣使以礼让之。不然，必起争端。』彦瑫等皆曰：『今日军政在手，天与不取，使它人得之，异日吾辈安所自容乎！』希广懦弱，不能自决。乙未，彦瑫等称希范遗命，共立之。张少敌退而叹曰：『祸其始此乎！』与拓跋恒皆称疾不出。

丙申，帝发太原，自阴地关出晋、绛。

丁酉，史弘肇奏克泽州。⑩始，弘肇攻泽州，刺史翟令奇固守不下。帝以弘肇兵少，欲召还。苏逢吉、杨邠曰：『今陕、晋、河阳皆已向化，⑪崔廷勋、耿崇美朝夕遁去；若召弘肇还，则河南人心动摇，虏势复壮矣。』帝未决，使人谕指于弘肇。弘肇曰：『兵已及此，势如破竹，可进不可退。』与逢吉等议合。帝乃从之。弘肇遣部将李万超说令奇，令奇乃降。弘肇以万超权知泽州。

【注释】

①遗制：制，帝王的命令。但这里说的『遗制』实际上是兀欲自己伪造的遗诏。②大圣皇帝：阿保机死后谥大圣皇帝。③人皇王：阿保机的长子东丹王突欲号人皇王。④中京：契丹主耶律德光取中国后，今河北正定县为中京。⑤石会：即石会关，今山西太谷县南昌源河上源东岸。⑥天井：今山西晋城县南太行山上。⑦北京：从后唐以后，都把太原称为北京。⑧小门使：官名。掌门户之事。府有宴集，则执兵在门外。⑨三十五郎：指马希广。马希广排行第三十五，藩府将吏都称府主之子为郎君。⑩泽州：今山西晋城县。⑪向化：慕德归附。

崔廷勋、耿崇美、奚王拽刺合兵逼河阳，张遇帅众数千救之，战于南阪，败死。武行德出战，亦败，闭城自守。拽刺欲攻之，廷勋曰：『今北军已去，①得此何用！且杀一夫犹可惜，况一城乎！』闻弘肇已得泽州，乃释河阳，还保怀州。弘肇将至，廷勋等拥众北遁，过卫州，②大掠而去。契丹在河南者相继北去，弘肇引兵与武行德合。

弘肇为人，沉毅寡言，御众严整，将校小不从命，立挝杀之。③士卒所过，犯民田及系马于树者，皆斩之。军中惕息，④莫敢犯令，故所向必克。帝自晋阳安行入洛及汴，兵不血刃，皆弘肇之力也。帝由是倚爱之。

辛丑，帝至霍邑，⑤遣使谕河中节度使赵匡赞，仍以契丹囚其父延寿告之。

滋德宫有宫人五十余人，萧翰欲取之，宦者张环不与。翰破锁夺宫人，执环，烧铁灼之，腹烂而死。

初，翰闻帝拥兵而南，欲北归。恐中国无主，必大乱，己不得从容而去。时唐明宗子许王从益与王淑妃在洛阳，翰遣高谟翰迎之，矫称契丹主命，又以从益知南朝军国事，召己赴恒州。淑妃、从益匿于徽陵[6]下宫，[7]不得已而出。至大梁，翰立以为帝，帅诸酋长拜之，以礼部尚书王松、御史中丞赵远为宰相，前宣徽使甄城翟光邺为枢密使，左金吾大将军王景崇为宣徽使，以北来指挥使刘祚权侍卫亲军都指挥使，充在京巡检。松，徽之子也。[8]

百官谒见淑妃，淑妃泣曰：『吾母子单弱如此，而为诸公所推，是祸吾家也！』翰留燕兵千人守诸门，为从益宿卫。壬寅，翰及刘晞辞行，从益饯于北郊。遣使召高行周于宋州，[9]武行德于河阳，皆不至。淑妃惧，召大臣谋之曰：『吾母子为萧翰所逼，分当灭亡。诸公无罪，宜早迎新主，[10]自求多福，勿以吾母子为意！』众感其言，皆未忍叛去。或曰：『今集诸营，不减五千，与燕兵并力坚守一月，北救必至。』淑妃曰：『吾母子亡国之余，[11]安敢与人争天下！不幸至此，死生惟人所裁。若新主见察，当知我无所负。今更为计画，则祸及他人，阖城涂炭，终何益乎！』众犹欲拒守，三司使文安刘审交曰：『余燕人，[12]岂不为燕兵计！顾事有不可如何者。今城中大乱之余，公私穷竭，遗民无几，若复受围一月，无噍类矣。[13]愿诸公勿复言，一从太妃处分。』乃用赵远、翟光邺策，称梁王，知军国事。遣使奉表称臣迎帝，请早赴京师，仍出居私第。

甲辰，帝至晋州。

契丹主兀欲以契丹主德光有子在国，己以兄子袭位，又无述律太后之命，擅自立，内不自安。

初，契丹主阿保机卒于勃海，述律太后杀酋长及诸将凡数百人。契丹主德光复卒于境外，酋长诸将惧死，乃谋奉契丹主兀欲勒兵北归。

契丹主以安国节度使麻答为中京留守，[14]以前武州刺史高奉明为安国节度使。晋文武官及士卒悉留于恒州，独以翰林学士徐台符、李澣及后宫、宦者、教坊人自随。乙巳，发真定。

帝之即位也，绛州刺史李从朗与契丹将成霸卿等拒命，帝遣西南面招讨使、护国节度使白文珂攻之，未下。帝至城下，命诸军四布而勿攻，以利害谕之。戊申，从朗举城降。帝命亲将分护诸门，士卒一人毋得入。以偏将薛琼为防御使。

辛亥，帝至陕州，赵晖自御帝马而入。壬子，至石壕，[15]汴人有来迎者。

【注释】

①北军：指契丹聚集在恒州的军队。②卫州：今河南汲县。③挝：捶打，击。④惕息：不敢喘息，形容极其恐惧。⑤霍邑：县名，今陕西霍县。⑥徽陵：唐明宗的陵墓，今河南洛阳市。⑦下宫：祖庙。⑧徽：王徽，唐大臣。今陕西西安人。字昭文，宣宗时授右拾遗，屡次上书，无所顾忌。广明初授官户部侍郎、同平章事。黄巢入长安后，被俘。后出奔河中，拜官诸道租庸供军使。官终右仆射。⑨高行周：字尚质，十余岁即在李克用帐下，稍长，补以军职。灭后梁后，以功领端州刺史、振武军节度使。历仕后晋、后汉、后周，累封齐王。⑩新主：指刘知远。因为刘新近即帝位，拥兵南下，所以称他为新主。⑪亡国之余：后唐灭亡以后，只有王淑妃母子在，所以自称『亡国之余』。⑫燕人：文安县唐时属莫州，莫州属于春秋战国时燕国的南界，所以刘审交自称为燕人。⑬噍类：活人。噍，嚼。⑭麻荅：耶律德光的从弟。⑮石壕：镇名。今河南陕县东硖石镇。

六月，甲寅朔，萧翰至恒州，与麻荅以铁骑围张砺之第。砺方卧病，出见之，翰数之曰：『汝何故言于先帝，云胡人不可以为节度使？又，吾为宣武节度使，且国舅也，汝在中书乃帖我！[1]又，先帝留我守汴州，令我处宫中，汝以为不可。又，谮我及解里于先帝，云解里好掠人财，我好掠人子女。今我必杀汝！』命锁之。砺抗声曰：『此皆国家大体，吾实言之。欲杀即杀，奚以锁为！』麻荅以大臣不可专杀，力救止之，翰乃释之。是夕，砺愤恚而卒。

崔廷勋见麻荅，趋走拜，起，跪而献酒，麻荅踞而受之。

乙卯，帝至新安，西京留司官悉来迎。

吴越忠献王弘佐卒。[2]遗令以丞相弘倧为镇海、镇东节度使兼侍中。

丙辰，帝至洛阳，入居宫中，汴州百官奉表来迎。诏谕以受契丹补署者皆勿自疑，聚其告牒而焚之。[3]赵远更名上交。

命郑州防御使郭从义先入大梁清宫，密令杀李从益及王淑妃。淑妃且死，曰：『吾儿为契丹所立，何罪而死！何不留之，使每岁寒食，以一盂麦饭洒明宗陵乎！』闻者泣下。

戊午，帝发洛阳。枢密院吏魏仁浦自契丹逃归，[4]见于巩。郭威问以兵数及故事，仁浦强记精敏，威由是亲任之。

仁浦，卫州人也。

辛酉，汴州百官窦贞固等迎于荥阳。甲子，帝至大梁，晋之藩镇相继来降。

丙寅，吴越王弘倧袭位。

戊辰，帝下诏大赦。凡契丹所除节度使，下至将吏，各安职任，不复变更。复以汴州为东京，改国号曰汉，仍称天福年，曰：『余未忍忘晋也。』复青、襄、汝三节度。⑤壬申，以北京留守崇为河东节度使，同平章事。

契丹述律太后闻契丹主自立，大怒，发兵拒之。契丹主以伟王为前锋，相遇于石桥。⑥初，晋侍卫马军都指挥使李彦韬从晋主北迁，隶述律太后麾下，太后以为排陈使。彦韬迎降于伟王，太后兵由是大败。契丹主幽太后于阿保机墓。改元天禄，自称天授皇帝，以高勋为枢密使。

契丹主慕中华风俗，多用晋臣，而荒于酒色，轻慢诸酋长，由是国人不附，诸部数叛，兴兵诛讨，故数年之间，不暇南寇。

初，契丹主德光命奉国都指挥使南宫王继弘、都虞候樊晖以所部兵戍相州，彰德节度使高唐英善待之。戍兵无铠仗，唐英以铠仗给之，倚信如亲戚。唐英闻帝南下，举镇请降。使者未返，继弘、晖杀唐英。继弘自称留后，遣使告云唐英反覆，诏以继弘为彰德留后。庚辰，以晖为磁州刺史。

安国节度使高奉明闻唐英死，心不自安，请于麻荅，署马步都指挥使刘铎为节度副使，知军府事，身归恒州。

帝遣使告谕荆南。高从诲上表贺，且求郢州，帝不许。及加恩使至，拒而不受。

唐主闻契丹主德光卒，萧翰弃大梁去，下诏曰：『乃眷中原，本朝故地。』以左右卫圣统军、忠武节度使、同平章事李金全为北面行营招讨使，议经略北方。闻帝已入大梁，遂不敢出兵。

秋，七月，甲午，以马希广为天策上将军、武安节度使、江南诸道都统，兼中书令，封楚王。

或传赵延寿已死。郭威言于帝曰：『赵匡赞，契丹所署，今犹在河中，宜遣使吊祭，因起复移镇。⑦彼既家国无归，必感恩承命。』从之。会邺都留守、天雄节度使兼中书令杜重威、天平节度使兼侍中李守贞皆奉表归命。重威仍请移它镇。归德节度使兼中书令高行周入朝，丙申，徙重威为归德节度使，以行周代之；守贞为护国节度使，加兼中书令；徙护国节度使赵匡赞为晋昌节度使。后二年，延寿始卒于契丹。⑧

吴越王弘俶以其弟台州刺史弘倧同参相府事。

李达以其弟通知福州留后，⑨自诣钱唐见吴越王弘倧，弘倧承制加达兼侍中，更其名曰孺赟。既而孺赟悔惧，以金笋二十株及杂宝赂内牙统军使胡进思，求归福州。进思为之请，弘倧从之。

杜重威自以附契丹，负中国，内常疑惧。及移镇制下，复拒而不受，遣其子弘璲质于麻荅以求援。赵延寿有幽州亲兵二千在恒州，指挥使张琏将之，重威请以守魏。麻荅遣其将杨衮将契丹千五百人及幽州兵赴之。闰月，庚午，诏削夺重威官爵，以高行周为招讨使，镇宁节度使慕容彦超副之，以讨重威。

辛未，杨邠、郭威、王章皆为正使。⑩时兵荒之余，公私匮竭，北来兵与朝廷兵合，⑪顿增数倍。章白帝罢不急之务，省无益之费以奉军，用度克赡。

庚辰，制建宗庙。太祖高皇帝，世祖光武皇帝，皆百世不迁。又立四亲庙，⑫追尊谥号。凡六庙。

麻荅贪猾残忍，民间有珍货、美妇女，必夺取之。又捕村民，诬以为盗，披面，抉目，断腕，焚炙而杀之，欲以威众。常以其具自随，左右前后悬人肝、胆、手、足，饮食起居于其间，语笑自若。出入或被黄衣，用乘舆，服御物，曰：『兹事汉人以为不可，吾国无忌也。』又以宰相员不足，乃牒冯道判弘文馆，李崧判史馆，和凝判集贤，刘昫判中书，其僭妄如此。⑬然契丹或犯法，无所容贷，故市肆不扰。常恐汉人亡去，谓门者曰：『汉有窥门者，即断其首以来。』

麻荅遣使督运于洺州，⑭洺州防御使薛怀让闻帝入大梁，杀其使者，举州降。帝遣郭从义将兵万人会怀让攻刘铎于邢州，不克，铎请兵于麻荅，麻荅遣其将杨安及前义武节度使李殷将千骑攻怀让于洺州。怀让婴城自守，安等纵兵大掠于邢、洺之境。

【注释】

①帖：堂帖，宰相处理事务的文书。②弘佐（公元928～947年）：即钱弘佐，吴越国君。一作钱弘，字元佑，死后谥曰忠献王。③告牒：任命官吏的文书。④魏仁浦（公元911～969年）：字道济，今河南汲县人。幼时贫寒。后晋时为枢密院吏，后帮助郭威起兵建立后周，任枢密院副承旨。后周世宗即位，迁集贤殿大学士兼枢密使、宰相。⑤复青、襄、汝三节度：后晋以杨光远反，废平卢军，以安从进反，废山南东道，以李金全反，废安远军。这时又在三州恢复节度使。汝州未尝为节镇，疑为安州。⑥石桥：沙河之桥，今河北猪龙河支流大沙河。⑦起复：古时官

吏有丧，服未满而起用，称起复。⑧延寿：即赵延寿，今河北真定人。本姓刘，为赵德钧养子。仕后唐为枢密使，镇守徐州。后陷于契丹。契丹主让他策划进取中原，他便引导契丹军侵略河朔，封燕王，为枢密使。他又要求为皇太子，契丹主不许。契丹主死后，自称权知南朝军国事，被永康王兀欲抓获，带回契丹，最后死于契丹。⑨李达：即李仁达，降南唐后赐名弘义。后又叛南唐，求救于吴越。因弘字犯吴越讳，遂改名为达。⑩正使：刘知远在太原即位时，任令杨邠暂时代理枢密使，郭威代理枢密副使，王章代理三司使，这时他们三人都任命为正使。⑪北来兵：指随刘知远和史弘肇从太原来的军队。朝廷兵：指后晋朝廷旧有的军队。⑫亲庙：皇帝的高、曾、祖、考四庙称亲庙。⑬僭妄：宰相分制，须要由皇帝发布制敕，而麻荅自行用牒来任命，故说他妄安。⑭洺州：州名，今河北永年县东南永年。

契丹所留兵不满二千，麻荅令所司给万四千人食，收其余以自入。麻荅常疑汉兵，且以为无用，稍稍废省，又损其食以饲胡兵。众心怨愤，闻帝入大梁，皆有南归之志。前颍州防御使何福进，控鹤指挥使太原李荣，①潜结军中壮士数十人谋攻契丹，然畏契丹尚强，犹豫未发。会杨衮、杨安等军出，契丹留恒州者才八百人，福进等遂决计，约以击佛寺钟为号。

辛巳，契丹主兀欲遣骑至恒州，召前威胜节度使兼中书令冯道、枢密使李崧、左仆射和凝等，会葬契丹主德光于木叶山。②道等未行，食时，钟声发。汉兵夺契丹守门者兵，击契丹，杀十余人，因突入府中。李荣先据甲库，悉召汉兵及市人，以铠仗授之。焚牙门，与契丹战。荣召诸将并力，护圣左厢都指挥使、恩州团练使白再荣狐疑，匿于别室，军吏以佩刀决幕，引其臂，再荣不得已而行。诸将继至，烟火四起，鼓噪震地。麻荅等大惊，载宝货家属，走保北城。而汉兵无所统壹，贪狡者乘乱剽掠，懦者窜匿。八月，壬午朔，契丹自北门入，势复振，汉民死者二千余人。前磁州刺史李谷恐事不济，请冯道、李崧、和凝至战所慰勉士卒，士卒见道等至，争自奋。会日暮，有村民数千噪于城外，欲夺契丹宝货、妇女，契丹惧而北遁，麻荅、刘晞、崔廷勋皆奔定州，与义武节度使邪律忠合。忠，即郎五也。

冯道等四出安抚兵民，众推道为节度使。道曰：『我，书生也，当奏事而已，宜择诸将为留后。』时李荣功最多，而白再荣位在上，乃以再荣权知留后，具以状闻，且请援兵。帝遣左飞龙使李彦从将兵赴之。③

白再荣贪昧，猜忌诸将。奉国军主④华池王饶恐为再荣所并，⑤诈称足疾，据东门楼，严兵自卫。司天监赵延乂善于二人，往来谕释，始得解。

再荣以李崧、和凝久为相，家富，遣军士围其第求赏给，崧、凝各以家财与之，又欲杀崧、凝以灭口。李谷往见再荣，责之曰：『国亡主辱，公辈握兵不救。今仅能逐一虏将，⑥镇民死者近三千人，岂独公之力邪！才得脱死，遽欲杀宰相，新天子若诘公专杀之罪，公何辞以对？』再荣惧而止。又欲率民财以给军，谷力争之，乃止。汉人尝事麻荅者，再荣皆拘之以取其财，恒人以其贪虐，谓之『白麻荅』。

杨衮至邢州，闻麻荅被逐，即日北还，杨安亦遁去，李殷以其众来降。

庚寅，以薛怀让为安国节度使。刘铎闻麻荅遁去，举邢州降；怀让诈云巡检，引兵向邢州，铎开门纳之，怀让杀铎，以克复闻。朝廷知而不问。

辛卯，复以恒州顺国军为镇州成德军。乙未，以白再荣为成德留后。逾年，始以何福进为曹州防御使，李荣为博州刺史。

敕：『盗贼毋问赃多少皆抵死。』时四方盗贼多，朝廷患之，故重其法，仍分命使者逐捕。苏逢吉自草诏，意云：『应贼盗，并四邻同保，⑦皆全族处斩。』众以为：『盗犹不可族，况邻保乎！』逢吉固争，不得已，但省去『全族』字。由是捕贼使者张令柔杀平阴十七村民。

逢吉为人，文深好杀。在河东幕府，⑧帝尝令静狱以祈福，⑨逢吉尽杀狱囚还报。及为相，朝廷草创，帝悉以军旅之事委杨邠、郭威，百司庶务委逢吉及苏禹珪。二相决事，皆出胸臆，不拘旧制。虽事无留滞，而用舍黜陟，惟其所欲。帝方倚信之，无敢言者。逢吉尤贪诈，公求货财，无所顾避。继母死，不为服；庶兄自外至，不白逢吉而见诸子，逢吉怒，密语郭威，以他事杖杀之。

楚王希广庶弟天策左司马希崇，性狡险，阴遗兄希萼书，言刘彦瑫等违先王之命，废长立少，以激怒之。希萼自永州来奔丧，乙巳，至跌石，彦瑫白希广遣侍从都指挥使周廷诲等将水军逆之，命永州将士皆释甲而入，馆希萼于碧湘宫，成服于其次，不听入与希广相见。希萼求示还朗州，周廷诲劝希广杀之。希广曰：『吾何忍杀兄！宁分潭、朗而治之。』乃厚赠希萼，遣还朗州。希崇常为希萼诇希广，语言动作，悉以告之，约为内应。

契丹之灭晋也，驱战马二万匹归其国。至是汉兵乏马，诏市士民马于河南诸道不经剽掠者。

制以钱弘俶为东南兵马都元帅、镇海、镇东节度使兼中书令、吴越王。

高从海闻杜重威叛，发水军数千袭襄州，山南东道节度使安审琦击却之。又寇郢州，刺史尹实大破之。乃绝汉，附于唐、蜀。

初，荆南介居湖南、岭南、福建之间，地狭兵弱，自武信王季兴时，⑩诸道入贡过其境者，多掠夺其货币。及诸道移书诘让，或加以兵，不得已复归之，曾不为愧。及从海立，唐、晋、契丹、汉更据中原，南汉、闽、吴、蜀皆称帝。从海利其赐予，所向称臣，诸国贱之，谓之『高无赖』。

唐主以太傅兼中书令宋齐丘为镇南节度使。

南汉主恐诸弟与其子争国，杀齐王弘弼、贵王弘道、定王弘益、辨王弘济、同王弘简、益王弘建、恩王弘伟、宜王弘照，尽杀其男，纳其女充后宫。作离宫千余间，⑪饰以珠宝，设镬汤、⑫铁床、刳剔等刑，⑬号『生地狱』。尝醉，戏以瓜置乐工之颈试剑，遂断其头。

初，帝与吏部尚书窦贞固俱事晋高祖，雅相知重，及即位，欲以为相，问苏逢吉：『其次谁可相者？』逢吉与翰林学士李涛善，因荐之，曰：『昔涛乞斩张彦泽，陛下在太原，尝重之，此可相也。』会高行周、慕容彦超共讨杜重威于邺都，彦超欲急攻城，行周欲缓之以待其弊。行周女为重威子妇，彦超扬言：『行周以女故，爱贼不攻。』由是二将不协。帝恐生他变，欲自将击重威，意未决。涛上疏请亲征。帝大悦，以涛有宰相器。九月，甲戌，加逢吉左仆射兼门下侍郎，苏禹珪右仆射兼中书侍郎，贞固司空兼门下侍郎，涛户部尚书兼中书侍郎，并同平章事。戊寅，诏幸澶、魏劳军，以皇子承训为东京留守。

冯道、李崧、和凝自镇州还。己卯，以崧为太子太傅，凝为太子太保。

庚辰，帝发大梁。

【注释】

①控鹤：官名。为把守内皇城诸门的门官。②木叶山：今内蒙古奈曼旗东北老哈河与西喇木伦河汇合处。③飞龙使：官名。唐时设置左右飞龙使以养御马，五代时设使以掌之。④军主：犹言军帅。⑤华池：县名，今甘肃华池

县东南东华池。⑥虏将：指麻荅。镇：镇州，恒州旧名。⑦同保：同一个保的人。保，古时户籍编制单位，一般十家为一保，设有保长一人。⑧幕府：本指将帅在外的营帐，因军旅在外，没有固定住所，以帐幕为府署，故称幕府。这里指苏逢吉为河东节度判官的时候。⑨静狱：清理狱囚。⑩武信王季兴：即高季兴，初名季昌，字贻逊，今河南三门峡南人。荆南国创建者，公元924～928年在位。在位期间曾臣事后唐、吴，势力在十国中为最小。⑪离宫：封建帝王在正式宫殿之外建筑的宫殿，以便游玩时随时居住，因与正式宫殿分离，称之为离宫。⑫镬汤：一种把人放在镬中煮的酷刑。⑬铁床：一种烧烤人的酷刑，人在铁床上，下面用火烧。

晋昌节度使赵匡赞恐终不为朝廷所容，冬，十月，遣使降蜀，请自终南山路出兵应援。

戊戌，帝至邺都城下，舍于高行周营。行周言于帝曰：『城中食未尽，急攻，徒杀士卒，未易克也。不若缓之，彼食尽自溃。』帝然之。慕容彦超数因事陵轹行周，①行周泣诉于执政，掏粪壤实其口，苏逢吉、杨邠密以白帝。帝深知彦超之曲，犹命二臣和解之。又召彦超于帐中责之，且使诣行周谢。

杜重威声言车驾至即降，帝遣给事中陈观往谕指，重威复闭门拒之。城中食浸竭，将士多出降者。慕容彦超固请攻城，帝从之。丙午，亲督诸将攻城，自寅至辰，士卒伤者万余人，死者千余人，不克而止。彦超乃不敢复言。

初，契丹留幽州兵千五百人戍大梁。帝入大梁，或告幽州兵将为变，帝尽杀之于繁台之下。②乃围邺都，张琏将幽州兵二千助重威拒守，帝屡遣人招谕，许以不死。琏曰：『繁台之卒，何罪而戮？今守此，以死为期耳。』由是城久不下。十一月，丙辰，内殿直韩训献攻城之具，③帝曰：『城之所恃者，众心耳。众心苟离，城无所保，用此何为！』

杜重威之叛，观察判官金乡王敏屡泣谏，不听。及食竭力尽，甲戌，遣敏奉表出降。乙亥，重威子弘琏来见；丙子，妻石氏来见。石氏，即晋之宋国长公主也，帝复遣入城。丁丑，重威开门出降，城中馁死者什七八，存者皆尪瘠无人状。④张琏先邀朝廷信誓，诏许以归乡里。及出降，杀琏等将校数十人，纵其士卒北归。将出境，大掠而去。

郭威请杀重威牙将百余人，并重威家赀籍之以赏战士，从之。以重威为太傅兼中书令、楚国公。重威每出入，路人往往掷瓦砾诟之。

臣光曰：汉高祖杀幽州无辜千五百人，非仁也；诱张琏而诛之，非信也；杜重威罪大而赦之，非刑也。仁以合众，信以行令，刑以惩奸，失此三者，何以守国！其祚运之不延也，宜哉！

高行周以慕容彦超在澶州，固辞邺都。己卯，以忠武节度使史弘肇领归德节度使，兼侍卫马步都指挥使，义成节度使刘信领忠武节度使兼侍卫马步副都指挥使，徙彦超为天平节度使，并加同平章事。

吴越王弘倧大阅水军，赏赐倍于旧。胡进思固谏，弘倧怒，投笔水中，曰：『吾之财与士卒共之，奚多少之限邪！』

十二月，丙戌，帝发邺都。

蜀主遣雄武都押牙吴崇恽，[5]以枢密使王处回书招凤翔节度使侯益。庚寅，以山南西道节度使兼中书令张虔钊为北面行营招讨安抚使，雄武节度使何重建副之，宣徽使韩保贞为都虞候，共将兵五万，虔钊出散关，重建出陇州，以击凤翔。奉銮肃卫都虞候李廷珪将兵二万出子午谷，[6]以援长安。诸军发成都，旌旗数十里。

辛卯，皇子开封尹承训卒。承训孝友忠厚，达于从政，人皆惜之。

癸巳，帝至大梁。

威武节度使李孺赟与吴越戍将鲍修让不协，谋袭杀修让，复以福州降唐。修让觉之，引兵攻府第，是日，杀孺赟，夷其族。

乙未，追立皇子承训为魏王。

侯益请降于蜀，使吴崇恽持兵籍、粮帐西还，与赵匡赞同上表请出兵平定关中。

己酉，鲍修让传李孺赟首至钱塘，吴越王弘倧以丞相山阴吴程知威武节度事。

吴越王弘倧，性刚严，愤忠献王弘佐时容养诸将，政非己出，及袭位，诛杭、越侮法吏三人。内牙统军使胡进思恃迎立功，干预政事；弘倧恶之，欲授以一州，进思不可。进思有所谋议，弘倧数面折之。进思还家，设忠献王位，被发恸哭。民有杀牛者，吏按之，引人所市肉近千斤。弘倧问进思：『牛大者肉几何？』对曰：『不过三百斤。』弘倧曰：『然则吏妄也。』命按其罪。进思拜贺其明。弘倧曰：『公何能知其详？』进思踧踖对曰：[7]『臣昔未从军，亦尝从事于此。』进思以弘倧为知其素业，故辱之，益恨怒。进思建议遣李孺赟归福州，及孺赟叛，弘倧责之，进思愈不自安。弘倧与内牙指挥使何承训谋逐进思，又谋于内都监使水丘昭券，昭券以为进思党盛难制，不如容之，弘倧犹豫未决。承训恐事泄，反以谋告进思。

庚戌晦，弘倧夜宴将吏，进思疑其图己，与其党谋作乱，帅亲兵百人戎服执兵入见于天策堂，曰：『老奴无罪，王何故图之？』弘倧叱之不退，左右持兵者皆愤怒。弘倧猝愕不暇发言，趋入义和院。进思锁其门，矫称王命，告中外云：『猝得风疾，传位于同参相府事弘俶。』进思因帅诸将迎弘俶于私第，且召丞相元德昭。德昭至，立于帘外不拜，曰：『俟见新君。』进思亟出褰帘，[8]德昭乃拜。

进思称弘倧之命，承制授弘俶镇海、镇东节度使兼侍中。弘俶曰：『能全吾兄，乃敢承命。不然，当避贤路。』进思许之。弘俶始视事。

进思杀水丘昭券及进侍鹿光铉。[9]光弦，弘倧之舅也。进思之妻曰：『它人犹可杀，昭券，君子也，奈何害之！』

是岁，唐主以羽林大将军王延政为安化节度使、鄱阳王，镇饶州。

【注释】①陵轹：欺压，欺凌。②繁台：本叫师旷吹台，梁孝王增筑，因有繁氏居其侧，故名繁台，今河南开封市郊东南隅。③内殿直：官名。皇帝的侍从官。④尪瘠：瘦弱。⑤都押牙：官名。掌管仪仗、侍卫。⑥子午谷：地名。在今陕西长安县南，谷口有子午镇。⑦踧踖：局促不安的样子。⑧褰：掀起。⑨进侍：官名。为侍奉君王左右之官。

乾祐元年 春，正月，乙卯，大赦，改元。

帝以赵匡赞、侯益与蜀兵共为寇，患之。会回鹘入贡，[1]诉称为党项所阻，乞兵应接。诏右卫大将军王景崇、将军齐藏珍将禁军数千赴之，因使之经略关西。[2]

晋昌节度判官李恕，久在赵延寿幕下，延寿使之佐匡赞。匡赞将入蜀，恕谏曰：『燕王入胡，岂所愿哉！今汉家新得天下，方务招怀，若谢罪归朝，必保富贵。入蜀非全计也，「蹄涔不容尺鲤」，[3]公必悔之。』匡赞乃遣恕奉表请入朝。景崇等未行而恕至，帝问恕：『匡赞何为附蜀？』对曰：『匡赞自以身受虏官，[4]父在虏庭，恐陛下未之察，故附蜀求苟免耳。臣以为国家必应存抚，故遣臣来祈哀。』帝曰：『匡赞父子，本吾人也，不幸陷虏。今延寿方坠槛阱，[5]吾何忍更害匡赞乎！』即听其入朝。侯益亦请赴二月四日圣寿节上寿。[6]景崇等将行，帝召入卧内，敕之曰：『匡赞、益之心，皆未可知。汝至彼，彼已入朝，则勿问；若尚迁延顾望，当以便宜从事。』

己未，帝更名暠。

以前威胜节度使冯道为太师。

壬戌，吴越王弘俶迁故王弘倧于衣锦军私第，遣匡武都头薛温将亲兵卫之。[7]潜戒之曰：『若有非常处分，皆非吾意，当以死拒之。』

帝自魏王承训卒，悲痛过甚。甲子，始不豫。

赵匡赞不俟李恕返命，已离长安。丙子，入见。

王景崇等至长安，闻蜀兵已入秦川，[8]以兵少，发本道及赵匡赞牙兵千余人同拒之。景崇恐匡赞牙兵亡逸，欲文其面，微露风旨。军校赵思绾，[9]首请自文其面以帅下，景崇悦。齐藏珍窃言曰：『思绾凶暴难制，不如杀之。』景崇不听。思绾，魏州人也。

蜀李廷珪将至长安，闻赵匡赞已入朝，欲引归，王景崇邀之，败廷珪于子午谷。张虔钊至宝鸡，诸将议不协，按兵未进。侯益闻廷珪西还，因闭壁拒蜀兵，虔钊势孤，引兵夜遁。景崇帅凤翔、陇、邠、泾、鄜、坊之兵追败蜀兵于散关，俘将卒四百人。

丁丑，帝大渐，杨邠忌侍卫马军都指挥使、忠武节度使刘信，[10]立遣之镇。信不得奉辞，雨泣而去。

帝召苏逢吉、杨邠、史弘肇、郭威入受顾命，曰：『余气息微，不能多言。承祐幼弱，后事托在卿辈。』又曰：『善防重威。』是日，殂于万岁殿，逢吉等秘不发丧。庚辰，下诏，称：『重威父子，因朕小疾，谤议摇众，并其子弘璋、弘琏、弘璨皆斩之。晋公主及内外亲族，一切不问。』磔重威尸于市，市人争啖其肉，吏不能禁，斯须而尽。

二月，辛巳朔，立皇子左卫大将军、大内都点检承祐为周王，同平章事。有顷，发丧，宣遗制，令周王即皇帝位。时年十八。

蜀韩保贞、庞福诚引兵自陇州还，要何重建俱西。是日，保贞等至秦州，分兵守诸门及衢路，重建遂入于蜀。

丁亥，尊皇后曰皇太后。

朝廷知成德留后白再荣非将帅才，庚寅，以前建雄留后刘在明代之。

癸巳，大赦。

吴越内牙指挥使何承训复请诛胡进思及其党。吴越王弘俶恶其反覆，且惧召祸，乙未，执承训，斩之。

进思屡请杀废王弘倧以绝后患，弘俶不许。进思诈以王命密令薛温害之。温曰：『仆受命之日，不闻此言，不敢妄发。』进思乃夜遣其党方安等二人踰垣而入，弘倧阖户拒之，大呼求救；温闻之，率众而入，毙安等于庭中。入告弘俶，弘俶大惊，曰：『全吾兄，汝之力也。』

弘俶畏忌进思，曲意下之。进思亦内忧惧，未几，疽发背卒。[11]弘倧由是获全。

诏以王景崇兼凤翔巡检使。景崇引兵至凤翔，侯益尚未行，景崇以禁兵分守诸门。或劝景崇杀益，景崇以受先朝密旨，[12]嗣主未之知，或疑于专杀，犹豫未决。益闻之，不告景崇而去，景崇悔，自诟。戊戌，益入朝，隐帝问：『何故召蜀军？』对曰：『臣欲诱致而杀之。』帝哂之。

蜀张虔钊自恨无功。癸卯，至兴州，[13]惭忿而卒。

侍卫马步都指挥使、同平章事史弘肇遭母丧，不数日，复出朝参。[14]

【注释】

①回鹘：古族名。也称回纥，其先为匈奴，散居在漠北，以游牧为生。②关西：指故函谷关今河南灵宝县东北以西地区。③『蹄涔不容尺鲤』：蹄涔，牛马路上所留足迹中的积水。这句话为十六国前赵皇帝刘曜所说，意思为牛马蹄印里的水，难以容纳一尺长的鲤鱼。在这里是说后蜀太小，容纳不了赵匡赞。④身受虏官：指赵匡赞受契丹主耶律德光之命镇守河中府。⑤槛阱：捕捉野兽的陷阱。⑥圣寿节：皇帝的生日。⑦衣锦军：地名。今浙江临安县。都头：官名。五代时为禁军步兵都一级统兵官。⑧秦川：地名。今陕西、甘肃秦岭以北渭水平原。⑨赵思绾：后汉将领，今河北冀县人。后汉高祖刘知远时据永兴叛，归附李守贞。守贞任命他为晋昌节度使。隐帝时派郭威征讨，围困数月，他不得已而投降，拜镇国节度使，不久有异志被杀。⑩刘信：后汉高祖刘知远从弟。性情昏庸，贪得无厌，喜欢施行严刑酷法。初掌禁军，领义成节度使。后郭威在澶州发动兵变，王峻派王铎率兵巡检许州，他因惶惑而自杀。⑪疽：一种毒疮。⑫先朝密旨：指高祖刘知远让他相机行事的密令。⑬兴州：今陕西略阳县。⑭朝参：官吏上朝参见皇帝。

高祖睿文圣武昭肃孝皇帝下

乾祐元年 三月，丙辰，史弘肇起复，加兼侍中。

侯益家富于财，厚赂执政及史弘肇等，①由是大臣争誉之。丙寅，以益兼中书令，行开封尹。

改广晋府为大名府，晋昌军为永兴军。

侯益盛毁王景崇于朝，言其恣横。景崇闻益尹开封，知事已变，内不自安，且怨朝廷。会诏遣供奉官王益如凤翔，②征赵匡赞牙兵诣阙，赵思绾等甚惧，景崇因以言激之。思绾途中谓其党常彦卿曰：『小太尉已落其手，③吾属至京师，并死矣，奈何？』彦卿曰：『临机制变，子勿复言。』

癸酉，至长安，永兴节度副使安友规、巡检乔守温出迎王益，置酒于客亭。④思绾前白曰：『壕寨使已定舍馆于城东。⑤今将士家属皆在城中，欲各入城挈家诣城东宿。』友规等然之。时思绾等皆无铠仗，既入西门，有州校坐门侧，思绾遽夺其剑斩之。其徒因大噪，持白梃，杀守门者十余人，分遣其党守诸门。思绾入府，开库取铠仗给之，友规等皆逃去。思绾遂据城，集城中少年，得四千余人，缮城隍，⑥葺楼堞，旬日间，战守之具皆备。

王景崇讽凤翔吏民表景崇知军府事，⑦朝廷患之。甲戌，徙静难节度使王守恩为永兴节度使，徙保义节度使赵晖为凤翔节度使，并同平章事。以景崇为邠州留后，令便道之官。

虢州伶人靖边庭杀团练使田令方，⑧驱掠州民，奔赵思绾。至潼关，潼关守将出击之，其众皆溃。

初，契丹主北归，至定州，以义武节度副使邪律忠为节度使，徙故节度使孙方简为大同节度使。方简怨恚，且惧入朝为契丹所留，迁延不受命，帅其党三千人保狼山故寨，控守要害。契丹攻之，不克。未几，遣使请降，帝复其旧官，以扞契丹。

邪律忠闻邺都既平，常惧华人为变。诏以成德留后刘在明为幽州道马步都部署，使出兵经略定州。未行，忠与麻荅等焚掠定州，悉驱其人弃城北去。孙方简自狼山帅其众数百，还据定州，又奏以弟行友为易州刺史，方遇为泰州刺史。每契丹入寇，兄弟奔命，⑨契丹颇畏之。于是晋末州县陷契丹者，皆复为汉有矣。

丙子，以刘在明为成德节度使。

麻荅至其国，契丹主责以失守。麻荅不服，曰：『因朝廷征汉官致乱耳。』契丹主鸩杀之。

苏逢吉等为相，多迁补官吏。杨邠以为虚费国用，所奏多抑之，逢吉等不悦。中书侍郎兼户部尚书、同平章事李涛上疏言：『今关西纷扰，外御为急。二枢密皆佐命功臣，⑩官虽贵而家未富，宜授以要害大镇。枢机之务在陛下目前，易以裁决，逢吉、禹珪自先帝时任事，皆可委也。』杨邠、郭威闻之，见太后泣诉。称：『臣等从先帝起艰难中，今天子取人言，欲弃之于外。况关西方有事，臣等何忍自取安逸，不顾社稷。若臣等必不任职，乞留过山陵。』⑪太后怒，以让帝，曰：『国家勋旧之臣，奈何听人言而逐之！』帝曰：『此宰相所言也。』因诘责宰相。涛曰：『此疏臣独为之，他人无预。』丁丑，罢涛政事，勒归私第。

是日，邠、泾、同、华四镇俱上言护国节度使兼中书令李守贞与永兴、凤翔同反。⑫

始，守贞闻杜重威死而惧，阴有异志，自以晋世尝为上将，有战功，素好施，得士卒心。汉室新造，天子年少初立，执政皆后进，有轻朝廷之志。乃招纳亡命，养死士，治城堑，缮甲兵，昼夜不息。遣人间道赍蜡丸结契丹，屡为边吏所获。浚仪人赵修己，⑬素善术数，⑭自守贞镇滑州，署司户参军，累从移镇，为守贞言：『时命不可，勿妄动！』前后切谏非一，守贞不听，乃称疾归乡里。僧总伦，以术媚守贞，言其必为天子，守贞信之。又尝会将佐置酒，引弓指《舐掌虎图》曰：『吾有非常之福，当中其舌。』一发中之，左右皆贺。守贞益自负。

会赵思绾据长安，奉表献御衣于守贞，守贞自谓天人协契，乃自称秦王。遣其骁将平陆王继勋将兵据潼关，⑮以思绾为晋昌节度使。

同州距河中最近，匡国节度使张彦威，常诇守贞所为，奏请先为之备。诏滑州马军都指挥使罗金山将部兵戍同州。故守贞起兵，同州不为所并。金山，云州人也。⑯

定难节度使李彝殷发兵屯境上，奏称：『去三载前羌族𠯋毋杀绥州刺史李仁裕叛去，请讨之。』庆州上言：⑰『请益兵为备。』诏以司天言，今岁不利先举兵，谕止之。

【注释】

①执政：指苏逢吉、杨邠等人。②供奉官：掌宫中侍奉之事。③小太尉：指赵匡赞。④巡检：官名。掌管地方治安。客亭：驿亭，迎送使者的地方。⑤壕寨使：官名。掌管营造建筑、官吏出行处所和军队驻地等事。

⑥城隍：护城壕。⑦讽：以委婉的语言劝说。⑧虢州：今河南灵宝县。⑨奔命：奔走救援。⑩二枢密：指杨邠和郭威。⑪山陵：帝王的坟墓。秦时称天子坟墓为山，汉时称陵，故合称山陵。⑫永兴、凤翔：当时赵思绾占据永兴，王景崇占据凤翔。⑬浚仪：地名。今河南开封市。⑭术数：用阴阳五行生克制化的数理，来推断人事凶吉，如占侯、卜筮、星命、相术等。⑮平陆：县名。今山西平陆县西南平陆城。⑯云州：今山西大同市。⑰庆州：今甘肃庆阳县。

夏，四月，辛巳，陕州都监王玉奏克复潼关。[1]

帝与左右谋，以太后怒李涛离间，欲更进用二枢密，以明非帝意。左右亦疾二苏之专，欲夺其权，共劝之。壬午，制以枢密使杨邠为中书侍郎兼吏部尚书、同平章事，枢密使如故，以副枢密使郭威为枢密使，又加三司使王章同平章事。凡中书除官，诸司奏事，帝皆委邠斟酌。自是三相拱手，[2]政事尽决于邠。事有未更邠所可否者，莫敢施行，遂成凝滞。三相每进拟用人，苟不出邠意，虽簿、尉亦不之与。邠素不喜书生，常言：『国家府廪实，甲兵强，乃为急务。至于文章礼乐，何足介意！』既恨二苏排己，[3]又以其除官太滥，为众所非，欲矫其弊，由是艰于除拜，士大夫往往有自汉兴至亡不沾一命者。凡门荫[4]及百司入仕者悉罢之。[5]虽由邠之愚蔽，时人亦咎二苏之不公所致云。

以镇宁节度使郭从义充永兴行营都部署，将侍卫兵讨赵思绾。戊子，以保义节度使白文珂为河中行营都部署，内客省使王峻为都监。辛卯，削夺李守贞官爵，命文珂等会兵讨之。乙未，以宁江节度使、侍卫步军都指挥使尚洪迁为西面行营都虞候。

王景崇迁延不之邠州，阅集凤翔丁壮，诈言讨赵思绾，仍牒邠州会兵。

契丹主如辽阳，[6]故晋主与太后、皇后皆谒见。有禅奴利者，契丹主之妻兄也，闻晋主有女未嫁，诣晋主求之，晋主辞以幼。后数日，契丹主使人驰取其女而去，以赐禅奴。

王景崇遣蜀凤州刺史徐彦书，求通互市。壬戌，蜀主使彦复书招之。

契丹主留晋翰林学士徐台符于幽州，台符逃归。

五月，乙亥，滑州言河决鱼池。⑦

六月，戊寅朔，日有食之。

辛巳，以奉国左厢都虞候刘词充河中行营马步都虞候。

乙酉，王景崇遣使请降于蜀，亦受李守贞官爵。

高从诲既与汉绝，北方商旅不至，境内贫乏，乃遣使上表谢罪，乞修职贡。诏遣使慰抚之。

西面行营都虞候尚洪迁攻长安，伤重而卒。

秋，七月，以工部侍郎李谷充西南面行营都转运使。

庚申，加枢密使郭威同平章事。

蜀司空兼中书侍郎、同平章事张业，性豪侈，强市人田宅，藏匿亡命于私第，置狱，系负债者，或历年至有瘐死者。⑧其子检校左仆射继昭，好击剑，尝与僧归信访善剑者，右匡圣都指挥使孙汉韶与业有隙，密告业、继昭谋反。翰林承旨李昊、奉圣控鹤马步都指挥使安思谦复从而谮之。甲子，业入朝，蜀主命壮士就都堂击杀之，⑨下诏暴其罪恶，籍没其家。

枢密使、保宁节度使兼侍中王处回，亦专权贪纵，卖官鬻狱，四方馈献，皆先输处回，次及内府，家赀巨万。子德钧，亦骄横。张业既死，蜀主不忍杀处回，听归私第。处回惶恐辞位，以为武德节度使兼中书令。

蜀主欲以普丰库使高延昭、茶酒库使王昭远为枢密使，⑩以其名位素轻，乃授通奏使，⑪知枢密院事。昭远，成都人，幼以僧童从其师入府，蜀高祖爱其敏慧，令给事蜀主左右。至是，委以机务，府库金帛，恣其取与，不复会计。

戊辰，以郭从义为永兴节度使，白文珂兼知河中行府事。⑫

蜀主以翰林承旨、尚书左丞李昊为门下侍郎兼户部尚书，翰林学士、兵部侍郎徐光溥为中书侍郎兼礼部尚书，并同平章事。

蜀安思谦谋尽去旧将，又谮卫圣都指挥使兼中书令赵廷隐谋反，欲代其位，夜，发兵围其第。会山南西道节度使李廷珪入朝，极言廷隐无罪，乃得免。廷隐因称疾，固请解军职。甲戌，蜀主许之。

风翔节度使赵晖至长安。乙亥，表王景崇反状益明，请进兵击之。

【注释】

①都监：官名。掌本地屯驻、兵甲、训练、差使之事。②三相：指窦贞固、苏逢吉、苏禹珪。③二苏排己：指苏逢吉、苏禹珪让李涛上疏，请求皇帝将杨邠、郭威任以外职。④门荫：因祖先的功勋而得官。⑤百司入仕：指九品以外的官（即流外官）升入九品以内的官（即流内官，或者称为入流）。⑥辽阳：府名。今辽宁辽阳市老城区。⑦鱼池：地名。今河南滑县境内。⑧瘐死：指囚犯因为被拷打、饥饿和生病死在狱中。⑨都堂：尚书省中厅的别称。⑩晋丰库使、茶酒库使：官名。为掌管国库的长官。⑪通奏使：官名。掌通达诏令等事。⑫行府：中央官署派出在外代行指定事务的机构。

初，高祖镇河东，皇弟崇为马步都指挥使，与蕃汉都孔目官郭威争权，[1]有隙。及威执政，崇忧之。节度判官郑珙，劝崇为自全计，崇然之。珙，青州人也。八月，庚辰，崇表募兵四指挥，[2]自是选募勇士，招纳亡命，缮甲兵，实府库，罢上供财赋，皆以备契丹为名。朝廷诏令，多不禀承。

自河中、永兴、凤翔三镇拒命以来，朝廷继遣诸将讨之。昭义节度使常思屯潼关，白文珂屯同州，赵晖屯咸阳。惟郭从义、王峻置栅近长安，而二人相恶如水火，自春徂秋，皆相持莫肯攻战。帝患之，欲遣重臣临督。壬午，以郭威为西面军前招慰安抚使，诸军皆受威节度。威将行，问策于太师冯道。道曰：『守贞自谓旧将，为士卒所附，愿公勿爱官物，以赐士卒，则夺其所恃矣。』威从之。由是众心始附于威。

诏白文珂趣河中，赵晖趣凤翔。

甲申，蜀主以赵廷隐为太傅，赐爵宋王，国有大事，就第问之。

戊子，蜀改凤翔曰岐阳军，己丑，以王景崇为岐阳节度使、同平章事。

乙未，以钱弘俶为东南兵马都元帅、镇海、镇东节度使兼中书令、吴越国王。

郭威与诸将议攻讨，诸将欲先取长安、凤翔。镇国节度使扈彦珂曰：『今三叛连衡，推守贞为主，守贞亡，则两镇自破矣。若舍近而攻远，万一王、赵拒吾前，守贞掎吾后，此危道也。』威善之。于是威自陕州，白文珂及宁江节度使、侍卫步军都指挥使刘词自同州，常思自潼关，三道攻河中。威抚养士卒，与同苦乐，小有功辄厚赏之，微有伤常亲视之。士无贤不肖，有所陈启，皆温辞色而受之。违忤不怒，小过不责。由是将卒咸归心于威。

始，李守贞以禁军皆尝在麾下，受其恩施，又士卒素骄，苦汉法之严，谓其至则叩城奉迎，可坐而待之。既而士卒新受赐于郭威，皆忘守贞旧恩。己亥，至城下，扬旗伐鼓，踊跃诟噪，守贞视之失色。

白文珂克西关城，栅于河西，常思栅于城南，威栅于城西。未几，威以常思无将领才，先遣归镇。

诸将欲急攻城，威曰："守贞前朝宿将，健斗好施，屡立战功。况城临大河，楼堞完固，未易轻也。且彼凭城而斗，吾仰而攻之，何异帅士卒投汤火乎！夫勇有盛衰，攻有缓急，时有可否，事有后先。不若且设长围而守之，使飞走路绝。③吾洗兵牧马，④坐食转输，温饱有余。俟城中无食，公帑家财皆竭，然后进梯冲以逼之，⑤飞书檄以招之。彼之将士，脱身逃死，父子且不相保，况乌合之众乎！思绾、景崇，但分兵縻之，不足虑也。"乃发诸州民夫二万余人，使白文珂等帅之，刳长壕，筑连城，列队伍而围之。威又谓诸将曰："守贞曩畏高祖，不敢鸱张；以我辈崛起太原，事功未著，有轻我心，故敢反耳。正宜静以制之。"乃偃旗卧鼓，但循河设火铺，⑥连延数十里，番步卒以守之。遣水军杈舟于岸，寇有潜往来者，无不擒之。于是守贞如坐网中矣。

蜀武德节度使兼中书令王处回请老，辛丑，以太子太傅致仕。

南汉主遣知制诰宣化钟允章求婚于楚，⑦楚王希广不许。南汉主怒，问允章："马公复能经略南土乎？"对曰："马氏兄弟，方争亡于不暇，安能害我！"南汉主曰："然。希广懦而吝啬，其士卒忘战日久，此乃吾进取之秋也。"

武平节度使马希萼请与楚王希广各修职贡，求朝廷别加官爵，希广用天策府内都押牙欧弘练、进奏官张仲荀谋，⑧厚赂执政，使拒其请。九月，壬子，赐希萼及楚王希广诏书，谕以"兄弟宜相辑睦，凡希萼所贡，当附希广以闻。"希萼不从。

蜀兵援王景崇，军于散关，赵晖遣都监李彦从袭击，破之，蜀兵遁去。

蜀主以张业、王处回执政，事多壅蔽，己未，始置匦函，⑨后改为献纳函。

王景崇尽杀侯益家属七十余人，益子前天平行军司马仁矩先在外，得免。庚申，以仁矩为隰州刺史。仁矩子延广，尚在襁褓，乳母刘氏以己子易之，抱延广而逃，乞食至于大梁，归于益家。

李守贞屡出兵欲突长围，皆败而返。遣人赍蜡丸求救于唐、蜀、契丹，皆为逻者所获。城中食且尽，殍死者日众。

守贞忧形于色，召总伦诘之，总伦曰：『大王当为天子，人不能夺。但此分野有灾，⑩待磨灭将尽，只余一人一骑，乃大王鹊起之时也。』守贞犹以为然。

冬，十月，王景崇遣其子德让，赵思绾遣其子怀乂，见蜀主于成都。

戊寅，景崇遣兵出西门，赵晖击破之，遂取西关城。景崇退守大城，晖堑而围之，数挑战，不出。晖潜遣千余人擐甲执兵，效蜀旗帜，循南山而下，令诸军声言：『蜀兵至矣。』景崇果遣兵数千出迎之，晖设伏掩击，尽殪之。⑪自是景崇不复敢出。

蜀主遣山南西道节度使安思谦将兵救凤翔，左仆射兼门下侍郎、同平章事毋昭裔上疏谏曰：『臣窃见庄宗皇帝志贪西顾，⑫前蜀主意欲北行，⑬凡在庭臣，皆贡谏疏，殊无听纳，有何所成！只此两朝，可为鉴诫。』不听，又遣雄武节度使韩保贞引兵出汧阳以分汉兵之势。⑭

王景崇遣前义成节度使酸枣李彦舜等逆蜀兵。⑮丙申，安思谦屯右界，⑯汉兵屯宝鸡。思谦遣眉州刺史申贵将兵二千趣模壁，⑰设伏于竹林。丁酉旦，贵以兵数百压宝鸡而陈，汉兵逐之，遇伏而败，蜀兵逐北，破宝鸡寨。蜀兵去，汉兵复入宝鸡。己亥，思谦进屯渭水，汉益兵五千戍宝鸡。思谦畏之，谓众曰：『粮少敌强，宜更为后图。』辛丑，退屯凤州，⑱寻归兴元，⑲贵，潞州人也。

荆南节度使兼中书令、南平文献王高从诲寝疾，以其子节度副使保融判内外兵马事。癸卯，从诲卒，保融知留后。

彰武节度使高允权与定难节度使李彝殷有隙，李守贞密求援于彝殷，发兵屯延、丹境上，闻官军围河中，乃退。甲辰，允权以其状闻，彝殷亦自诉，朝廷和解之。

【注释】

①都孔目官：官名。五代州府属吏。②指挥：军队编制单位，一指挥人数一般为五百人。③飞走：指郭威设置包围圈，连飞禽走兽都不能进出。④洗兵：指停止战争。⑤冲：冲车，一种用来冲撞城墙的战车。⑥火铺：巡逻站，晚上以火把照明，故称。⑦知制诰：官名。掌起草机要诏书。宣化：县名。今广西南宁市。⑧进奏官：掌为节度使传送文书。⑨匦函：一种方形的匣子。凡是臣民有什么冤屈和对政事有什么匡正补救，都可以写好投进匣子中。⑩分野：古代天文学说，把天上的十二星辰的位置与地上州、国的位置相对应，并以天象的变异来附会

地上州国的吉凶。⑪殪：本为射死，也泛指杀死。⑫庄宗皇帝志贪西顾：指后唐庄宗李存勖贪图前蜀之富而于公元925年出兵攻蜀。⑬前蜀主意欲北行：指前蜀主王衍意在向秦州进军。⑭汧阳：县名。今陕西千阳县。⑮酸枣：县名。今河南延津县。⑯右界：即宝鸡右界，这里是后汉与后蜀的分界处。⑰模壁：地名。今陕西宝鸡市西南。⑱凤州：今陕西凤县东北凤州镇。⑲兴元：今陕西汉中市。

初，高祖入大梁，太师冯道、太子太傅李崧皆在真定，高祖以道第赐苏禹珪，崧第赐苏逢吉。崧第中瘗藏之物及洛阳别业，逢吉尽有之。及崧归朝，自以形迹孤危，事汉权臣，常惕惕谦谨，多称疾杜门。而二弟屿、嶬，与逢吉子弟俱为朝士，时乘酒出怨言，云：『夺我居第、家赀！』逢吉由是恶之。未几，崧以两京宅券献于逢吉，逢吉愈不悦。翰林学士陶谷，先为崧所引用，复从而谮之。

汉法既严，而侍卫都指挥使史弘肇尤残忍，宠任孔目官解晖，凡入军狱者，使之随意锻炼，无不自诬。及三叛连兵，群情震动，民间或讹言相惊骇。弘肇掌部禁兵，巡逻京城，得罪人，不问情轻重，于法何如，皆专杀不请。或决口断舌，斮筋，①折胫，无虚日。虽奸盗屏迹，而冤死者甚众，莫敢辨诉。

李屿仆夫葛延遇，为屿贩鬻，多所欺匿，屿抶之，督其负甚急，延遇与苏逢吉之仆李澄谋上变告屿谋反。逢吉闻而诱致之，因召崧至第，收送侍卫狱。②屿自诬云：『与兄崧、弟嶬、甥王凝及家僮合二十人，谋因山陵发引，纵火焚京城作乱。又遣人以蜡书入河中城，结李守贞。又遣人召契丹兵。』及具狱上，逢吉取笔改『二十』为『五十』字。十一月，甲寅，下诏诛崧兄弟、家属及辞所连及者，皆陈尸于市。仍厚赏葛延遇等，时人无不冤之。自是士民家皆畏惮仆隶，往往为所胁制。

他日，秘书郎真定李昉诣陶谷，谷曰：『君于李侍中近远？』昉曰：『族叔父。』谷曰：『李氏之祸，谷有力焉。』昉闻之，汗出。谷，邠州人也，本姓唐，避晋高祖讳改焉。③

史弘肇尤恶文士，常曰：『此属轻人难耐，每谓吾辈为卒。』弘肇领归德节度使，委亲吏杨乙收属府公利。④乙依势骄横，合境畏之如弘肇，副使以下，望风展敬，乙皆下视之。月率钱万缗以输弘肇，部民不胜其苦。

初，沈丘人舒元，⑤嵩山道士杨讷，俱以游客干李守贞。守贞为汉所攻，遣元更姓朱，讷更姓李，名平，间道奉表求救于唐。唐谏议大夫查文徽、兵部侍郎魏岑请出兵应之。

唐主命北面行营招讨使李金全将兵救河中，以清淮节度使刘彦贞副之，文徽为监军使，岑为沿淮巡检使，军于沂州之境。金全与诸将方会食，候骑白有汉兵数百在涧北，皆羸弱，请掩之。金全令曰：『敢言过涧者斩！』及暮，伏兵四起，金鼓闻十余里，金全令曰：『曩可与之战乎？』时唐士卒厌兵，莫有斗志，又河中道远，势不相及。丙寅，唐兵退保海州。⑥

唐主遗帝书谢，请复通商旅，且请赦守贞，朝廷不报。

壬申，葬睿文圣武昭肃孝皇帝于睿陵，庙号高祖。

十二月，丁丑，以高保融为荆南节度使、同平章事。

辛巳，南汉主以内常侍⑦吴怀恩为开府仪同三司、⑧西北面招讨使，将兵击楚，攻贺州。楚王希广遣决胜指挥使徐知新等将兵五千救之。未至，南汉人已拔贺州，凿大阱于城外，覆以竹箔，加土，下施机轴，⑨自堑中穿穴通阱中。知新等至，引兵攻城，南汉遣人自穴中发机，楚兵悉陷，南汉出兵从而击之。楚兵死者以千数，知新等遁归，希广斩之。南汉兵复陷昭州。⑩

王景崇累表告急于蜀，蜀主命安思谦再出兵救之。壬午，思谦自兴元引兵屯凤州，请先运粮四十万斛，乃可出境。蜀主曰：『观思谦之意，安肯为朕进取！』然亦发兴州、兴元米数万斛以馈之。

戊子，思谦进屯散关，遣马步使高彦俦、眉州刺史申贵击汉箭筈安都寨，⑪破之。庚寅，思谦败汉兵于玉女潭，⑫汉兵退屯宝鸡，思谦进屯模壁。韩保贞出新关，⑬壬辰，军于陇州神前，汉兵不出，保贞亦不敢进。

赵晖告急于郭威，威自往赴之。时李守贞遣副使周光逊、裨将王继勋、聂知遇守城西，威戒白文珂、刘词曰：『贼苟不能突围，终为我禽；万一得出，则吾不得复留于此。成败之机，于是乎在。贼之骁锐，尽在城西，我去必来突围，尔曹谨备之！』威至华州，闻蜀兵食尽引去，威乃还。韩保贞闻安思谦去，亦退保弓川寨。⑭

蜀中书侍郎兼礼部尚书、同平章事徐光溥坐以艳辞挑前蜀安康长公主，丁酉，罢守本官。

【注释】

①斮：斩。②侍卫狱：侍卫司狱，即军中的监狱。③避晋高祖讳：后晋高祖名石敬瑭，又因为唐姓均出于陶唐

氏之后，因此改唐姓为陶。④属府：史弘肇留京帅掌侍卫，让他的节度副使治所领归德节度使事。副使是他的部属，故称为属府。⑤沈丘：县名。今安徽临泉县。⑥海州：今江苏连云港市西南海州镇。⑦内常侍：官名。掌内侍省日常事务之官。⑧开府仪同三司：官名。意思是给非三公（即太尉、司徒、司空）官员以和三公相同的待遇，准许开设府署，自辟僚属。⑨机轴：机关。⑩昭州：今广西平乐县西。⑪箭筈：地名。今陕西岐山县东北岐山。⑫玉女潭：今陕西宝鸡市西北。⑬新关：地名。今陕西陇县西北。⑭弓川寨：今甘肃秦安县北。

后周纪

世宗睿武孝文皇帝上

显德二年春，正月，庚辰，上以漕运自晋、汉以来不给斗耗，纲吏多以亏欠抵死，诏自今每斛给耗一斗。

定难节度使李彝兴以折德扆亦为节度使，①与己并列，耻之，塞路不通周使。癸未，上谋于宰相，对曰：『夏州边镇，朝廷向来每加优借，府州褊小，得失不系重轻，且宜抚谕彝兴，庶全大体。』上曰：『德扆数年以来，尽忠戮力以拒刘氏，奈何一旦弃之！且夏州惟产羊马，贸易百货，悉仰中国，我若绝之，彼何能为！』乃遣供奉官齐藏珍赍诏书责之，彝兴惶恐谢罪。

戊子，蜀置威武军于凤州。

辛卯，初令翰林学士、两省官举令、录。②除官之日，仍署举者姓名，若贪秽败官，并当连坐。

契丹自晋、汉以来屡寇河北，轻骑深入，无藩篱之限，郊野之民每困杀掠。言事者称深、冀之间有胡卢河，横亘数百里，可浚之以限其奔突。是月，诏忠武节度使王彦超、彰信节度使韩通将兵夫浚胡卢河，筑城于李晏口，③留兵戍之。帝召德州刺史张藏英，问以备边之策，藏英具陈地形要害，请列置戍兵，募边人骁勇者，厚其禀给，自请将之，随便宜讨击。帝皆从之，以藏英为沿边巡检招收都指挥使。藏英到官数月，募得千余人。王彦超等行视役者，尝为契丹所围。藏英引所募兵驰击，大破之。自是契丹不敢涉胡卢河，河南之民始得休息。

二月，庚子朔，日有食之。

蜀夔恭孝王仁毅卒。④

壬戌，诏群臣极言得失，其略曰：『朕于卿大夫，才不能尽知，面不能尽识，若不采其言而观其行，审其意而察其忠，则何以见器略之浅深，知任用之当否！若言之不入，罪实在予；苟求之不言，咎将谁执！』

唐主以中书侍郎、知尚书省严续为门下侍郎、同平章事。

三月，辛未，以李晏口为静安军。

帝常愤广明以来中国日蹙，⑤及高平既捷，慨然有削平天下之志。会秦州民夷有诣大梁献策请恢复旧疆者，帝纳其言。

蜀主闻之，遣客省使赵季札案视边备。季札素以文武才略自任，使还，奏称：『雄武节度使韩继勋、凤州刺史王万迪非将帅才，不足以御大敌。』蜀主问：『谁可往者？』季札自请行。丙申，以季札为雄武监军使，仍以宿卫精兵千人为之部曲。

帝以大梁城中迫隘，夏，四月，乙卯，诏展外城，先立标帜，俟今冬农隙兴板筑，东作动则罢之，[6]更俟次年，以渐成之。且令自今葬埋皆出所标七里之外，其标内俟县官分画街衢、仓场、营廨之外，听民随便筑室。

丙辰，蜀主命知枢密院王昭远按行北边城寨及甲兵。

上谓宰相曰：『朕每思致治之方，未得其要，寝令不忘。又自唐、晋以来，吴、蜀、幽、并皆阻声教，未能混壹，宜命近臣著《为君难为臣不易论》及《开边策》各一篇，朕将览焉。』

比部郎中王朴献策，[7]以为：『中国之失吴、蜀、幽、并，皆由失道。今必先观所以失之之原，然后知所以取之之术。其始失之也，莫不以君暗臣邪，兵骄民困，奸党内炽，武夫外横，因小致大，积微成著。今欲取之，莫若反其所为而已。夫进贤退不肖，所以收其才也；恩隐诚信，所以结其心也；赏功罚罪，所以尽其力也；去奢节用，所以丰其财也；时使薄敛，所以阜其民也。俟群才既集，政事既治，财用既充，士民既附，然后举而用之，功无不成矣！彼之人观我有必取之势，则知其情状者愿为间谍，知其山川者愿为乡导，民心既归，天意必从矣。

凡攻取之道，必先其易者。唐与吾接境几二千里，其势易扰也。扰之当以无备之处为始，备东则扰西，备西则扰东，彼必奔走而救之。奔走之间，可以知其虚实强弱，然后避实击虚，避强击弱。未须大举，且以轻兵扰之。南人懦怯，闻小有警，必悉师以救之。师数动则民疲而财竭，不悉师则我可以乘虚取之。如此，江北诸州将悉为我有。既得江北，则用彼之民，行我之法，江南亦易取也。得江南则岭南、巴蜀可传檄而定。南方既定，则燕地必望风内附。若其不至，移兵攻之，席卷可平矣。惟河东必死之寇，不可以恩信诱，当以强兵制之。然彼自高平之败，力竭气沮，必未能为边患。宜且以为后图，俟天下既平，然后伺间一举可擒也。今士卒精练，甲兵有备，群下畏法，诸将效力，期年之后可以出师，宜自夏秋蓄积实边矣。』

上欣然纳之。时群臣多守常偷安，所对少有可取者，惟朴神峻气劲，有谋能断，凡所规画，皆称上意，上由是重其器识。未几，迁左谏议大夫，[8]知开封府事。

上谋取秦、凤，求可将者。王溥荐宣徽南院使、镇安节度使向训。上命训与凤翔节度使王景、客省使高唐昝居润偕行。

五月，戊辰朔，景出兵自散关趣秦州。

敕天下寺院，非敕额者悉废之。禁私度僧尼，凡欲出家者必俟祖父母、父母、伯叔之命。惟两京、大名府、京兆府、青州听设戒坛。[9]禁僧俗舍身、[10]断手足、炼指、[11]挂灯、带钳之类幻惑流俗者。[12]令两京及诸州每岁造僧帐，有死亡、归俗，皆随时开落。是岁，天下寺院存者二千六百九十四，废者三万三百三十六，见僧四万二千四百四十四，尼一万八千七百五十六。

王景拔黄牛等八寨。[13]戊寅，蜀主以捧圣控鹤都指挥使、保宁节度使李廷珪为北路行营都统，左卫圣步军都指挥使高彦俦为招讨使，武宁节度使吕彦珂副之，客省使赵崇韬为都监。

蜀赵季札至德阳，闻周师入境，惧不敢进，上书求解边任还奏事，先遣辎重及妓妾西归。丁亥，单骑驰入成都，众以为奔败，莫不震恐。蜀主问以机事，皆不能对。蜀主怒，系之御史台，甲午，斩之于崇礼门。

【注释】

①李彝兴：即李彝殷。因为避北宋太祖赵匡胤父亲赵弘殷的讳而改名，这里用的是他后来改过的名字。②录：这里指录事参军，掌管官署文簿。③李晏口：地名。今河北冀县北。④仁毅：孟仁毅，后蜀主孟昶的弟弟。⑤广明以来中国日蹙：唐僖宗广明元年（公元880年），黄巢起义军攻破长安，此后藩镇割据愈演愈烈，所以说中原越来越缩小。⑥东作：春耕生产称为东作。⑦比部：官署名。掌诸司俸料、财物及内外经费等。⑧左谏议大夫：官名。掌谏谕得失，侍从赞相。⑨大名府：五代后汉乾祐元年（公元948年）改广晋府置，今河北大名县东北。京兆府：在今陕西西安市。⑩舍身：佛教徒为宣扬佛法，或为布施，自加苦行，称为舍身。⑪炼指：佛教僧徒修炼的苦行之一，即把香束在手指上，用火烧灼。⑫挂灯：也称燃肉身灯。赤裸身体，用铁钩钩满全身，钩上挂着小灯，灯盏里面贮油燃烧。带钳：以铁夹束颈。钳，铁夹。⑬黄牛：寨名。今陕西凤县东北黄牛铺。

六月，庚子，上亲录囚于内苑。有汝州民马遇，父及弟为吏所冤死，屡经覆按，不能自伸，上临问，始得其实，人以为神。由是诸长吏无不亲察狱讼。

壬寅，西师与蜀李廷珪等战于威武城东，[1]不利，排陈使濮州刺史胡立等为蜀所擒。丁未，蜀主遣间使如北汉及唐，欲与之俱出兵以制周，北汉主、唐主皆许之。

己酉，以彰信节度使韩通充西南行营马步军都虞候。

戊午，南汉主杀祯州节度使通王弘政，于是高祖之诸子尽矣。

壬戌，以枢密院承旨清河张美为右领军大将军、权点检三司事。初，帝在澶州，美掌州之金谷隶三司者，帝或私有所求，美曲为供副。太祖闻之怒，恐伤帝意，但徙美为濮州马步都虞候。美治财精敏，当时鲜及，故帝以利权授之。帝征伐四方，用度不乏，美之力也，然思其在澶州所为，终不以公忠待之。

秋，七月，丁卯朔，以王景兼西南行营都招讨使，向训兼行营兵马都监。宰相以景等久无功，馈运不继，固请罢兵。帝命太祖皇帝往视之，还，言秦、凤可取之状，帝从之。

八月，丁未，中书侍郎、同平章事景范罢判三司，寻以父丧罢政事。

王景等败蜀兵，获将卒三百。己未，蜀主遣通奏使、知枢密院、武泰节度使伊审征如行营慰扶，仍督战。

帝以县官久不铸钱，而民间多销钱为器皿及佛像，钱益少，九月，丙寅朔，敕始立监采铜铸钱，自非县官法物、军器及寺观钟磬钹铎之类听留外，自余民间铜器、佛像，五十日内悉令输官，给其直；过期隐匿不输，五斤以上其罪死，不及者论刑有差。上谓侍臣曰：『卿辈勿以毁佛为疑。夫佛以善道化人，苟志于善，斯奉佛矣。彼铜像岂所谓佛邪！且吾闻佛志在利人，虽头目犹舍以布施，[2]若朕身可以济民，亦非所惜也。』

臣光曰：若周世宗，可谓仁矣！不爱其身而爱民；若周世宗，可谓明矣！不以无益废有益。

蜀李廷珪遣先锋都指挥使李进据马岭寨，[3]又遣奇兵出斜谷，屯白涧，又分兵出凤州之北唐仓镇及黄花谷，[4]绝周粮道。闰月，王景遣裨将张建雄将兵二千抵黄花，又遣兵千人趣唐仓，扼蜀归路。蜀染院使王峦将兵出唐仓，与建雄战于黄花，蜀兵败，奔唐仓，[5]遇周兵，又败，虏峦及其将士三千人。马岭、白涧兵皆溃，李廷珪、高彦俦等退保青泥岭。[6]蜀雄武节度使兼侍中韩继勋弃秦州，奔还成都，观察判官赵玭举城降，斜谷援兵亦溃。成、阶二州皆降，蜀人振恐。玭，澶州人也。帝欲以玭为节度使，范质固争以为不可，乃以为郢州刺史。

壬子，百官入贺，帝举酒属王溥曰：『边功之成，卿择帅之力也！』

甲子，上与将相食于万岁殿，因言：『两日大寒，朕于宫中食珍膳，深愧无功于民而坐享于禄，既不能躬耕而食，惟当亲冒矢石为民除害，差可自安耳！』

乙丑，蜀李廷珪上表待罪。冬，十月，壬申，伊审征至成都请罪。皆释之。蜀主致书于帝请和，自称大蜀皇帝，帝怒其抗礼，不答。蜀主愈恐，聚兵粮于剑门、白帝，为守御之备，募兵既多，用度不足，始铸铁钱，榷境内铁器，民甚苦之。

唐主性和柔，好文章，而喜人顺己，由是谄谀之臣多进用，政事日乱。既克建州，破湖南，益骄，有吞天下之志。李守贞、慕容彦超之叛，皆为之出师，遥为声援。又遣使自海道通契丹及北汉，约共图中国。值中国多事，未暇与之校。先是，每冬淮水浅涸，唐人常发兵戍守，谓之『把浅』。寿州监军吴廷绍以为疆场无事，坐费资粮，悉罢之。清淮节度使刘仁赡上表固争，不能得。十一月，乙未朔，帝以李谷为淮南道前军行营都部署兼知庐、寿等行府事，以忠武节度使王彦超副之，督侍卫马军都指挥使韩令坤等十二将以伐唐。令坤，磁州武安人也。

汴水自唐末溃决，自埇桥东南悉为污泽。上谋击唐，先命武宁节度使武行德发民夫，因故堤疏导之，东至泗上。议者皆以为难成，上曰：『数年之后，必获其利。』

丁未，上与侍臣论刑赏，上曰：『朕必不因怒刑人，因喜赏人。』先是，大梁城中民侵街衢为舍，通大车者盖寡，上悉命直而广之，广者至三十步。又迁坟墓于标外。上曰：『近广京城，于存殁扰动诚多。怨谤之语，朕自当之，他日终为人利。』

王景等围凤州，韩通分兵城固镇以绝蜀之援兵。戊申，克凤州，擒蜀威武节度使王环及都监赵崇溥等将士五千人。崇溥不食而死。环，真定人也。乙卯，制曲赦秦、凤、阶、成境内，所获蜀将士，愿留者优其俸赐，愿去者给资装而遣之。诏曰：『用慰众情，免违物性，其四州之民，二税征科之外，凡蜀人所立诸色科徭，悉罢之。』

唐人闻周兵将至而惧，刘仁赡神气自若，部分守御，无异平日，众情稍安。唐主以神武统军刘彦贞为北面行营都部署，将兵二万趣寿州，奉化节度使、同平章事皇甫晖为应援使，常州团练使姚凤为应援都监，将兵三万屯定远。召镇南节度使宋齐丘还金陵，谋国难，以翰林承旨、户部尚书殷崇义为吏部尚书、知枢密院。

李谷等为浮梁，自正阳济淮。十二月，甲戌，谷奏王彦超败唐兵二千余人于寿州城下，己卯，又奏先锋都指挥使白延遇败唐兵千余人于山口镇。⑦

丙戌，枢密使兼侍中韩忠正公郑仁诲卒。上临其丧，近臣奏称岁道非便，上曰：『君臣义重，何日时之有！』往哭尽哀。

吴越王弘俶遣元帅府判官陈彦禧入贡，帝以诏谕弘俶，使出兵击唐。

【注释】

①威武城：城堡名。今陕西凤县东北。②布施：分为三种情况：一是财施，指施舍财物，救济穷人；二是法施，指说法度人；三是畏施，指把畏施给人，救人于厄难。③马岭寨：今陕西凤县西。④斜谷：今陕西眉县西南。白涧：镇名。今陕西凤县东北白石铺。唐仓镇：今陕西凤县北唐藏镇。黄花谷：地名。今陕西凤县东北。⑤染院使：官名。无实际职掌，为武臣迁转之阶。⑥青泥岭：今甘肃徽县南。⑦山口镇：今安徽怀宁县东北长江北岸皖水之口。

三年 春，正月，丙午，以王环为右骁卫大将军，赏其不降也。

丁酉，李谷奏败唐兵千余人于上窑。①

戊戌，发开封府、曹、滑、郑州之民十余万筑大梁外城。

庚子，帝下诏亲征淮南，以宣徽南院使、镇安节度使向训权东京留守，端明殿学士王朴副之，彰信节度使韩通权点检侍卫司及在京内外都巡检。命侍卫都指挥使、归德节度使李重进将兵先赴正阳，河阳节度使白重赞将亲兵三千屯颍上。壬寅，帝发大梁。

李谷攻寿州，久不克。唐刘彦贞引兵救之，至来远镇，②距寿州二百里，又以战舰数百艘趣正阳，为攻浮梁之势。李谷畏之，召将佐谋曰：『我军不能水战，若贼断浮梁，则腹背受敌，皆不归矣！不如退守浮梁以待车驾。』上至圉镇，③闻其谋，亟遣中使乘驿止之。比至，已焚刍粮，退保正阳。丁未，帝至陈州，④亟遣李重进引兵趣淮上。

辛亥，李谷奏：『贼舰中淮而进，弩炮所不能及，若浮梁不守，则众心动摇，须至退军。今贼舰日进，淮水日涨，若车驾亲临，万一粮道阻绝，其危不测。愿陛下且驻跸陈、颍，俟李重进至，臣与之共度贼舰可御，浮梁可完，立具奏闻。

但若厉兵秣马，春去冬来，足使贼中疲弊，取之未晚。』帝览奏，不悦。

刘彦贞素骄贵，无才略，不习兵，所历藩镇，专为贪暴，积财巨亿，以赂权要，由是魏岑等争誉之，以为治民如龚、黄，[5]用兵如韩、彭，[6]故周师至，唐主首用之。其裨将咸师朗等皆勇而无谋，闻李谷退，喜，引兵直抵正阳，旌旗辎重数百里，刘仁赡及池州刺史张全约固止之。仁赡曰：『公军未至而敌人先遁，是畏公之威声也，安用速战！万一失利，则大事去矣！』彦贞不从。既行，仁赡曰：『果遇，必败。』乃益兵乘城为备。李重进度淮，逆战于正阳东，大破之，斩彦贞，生擒咸师朗等，斩首万余级，伏尸三十里，收军资器械三十余万。是时江、淮久安，民不习战，彦贞既败，唐人大恐，张全约收余众奔寿州，刘仁赡表全约为马步左厢都指挥使。皇甫晖、姚凤退保清流关。[7]滁州刺史王绍颜委城走。

壬子，帝至永宁镇，[8]谓侍臣曰：『闻寿州围解，农民多归村落，今闻大军至，必复入城。怜其聚为饿殍，宜先遣使存抚，各令安业。』甲寅，帝至正阳，以李重进代李谷为淮南道行营都招讨使，以谷判寿州行府事。丙辰，帝至寿州城下，营于淝水之阳，命诸军围寿州，徙正阳浮梁于下蔡镇。[9]丁巳，征宋、亳、陈、颍、徐、宿、许、蔡等州丁夫数十万以攻城，昼夜不息。唐兵万余人维舟于淮，营于涂山之下。[10]庚申，帝命太祖皇帝击之，太祖皇帝遣百余骑薄其营而伪遁，伏兵邀之，大败唐兵于涡口，[11]斩其都监何延锡等，夺战舰五十余艘。

诏以武平节度使兼中书令王逵为南面行营都统，使攻唐之鄂州。逵引兵过岳州，岳州团练使潘叔嗣厚具燕犒，奉事甚谨。逵左右求取无厌，不满望者谮叔嗣于逵，云其谋叛，逵怒形于词色，叔嗣由是惧不自安。

唐主闻湖南兵将至，命武昌节度使何敬洙徙民入城，为固守之计。敬洙不从，使除地为战场，曰：『敌至，则与兵民俱死于此耳！』唐主善之。

二月，丙寅，下蔡浮梁成，上自往视之。

戊辰，庐、拜、光、黄巡检使元城司超奏败唐兵三千余人于盛唐，[12]擒都监高弼等，获战舰四十余艘。

上命太祖皇帝倍道袭清流关。皇甫晖等陈于山下，方与前锋战，太祖皇帝引兵出山后；晖等大惊，走入滁州，[13]欲断桥自守。太祖皇帝跃马麾兵涉水，直抵城下。晖曰：『人各为其主，愿容成列而战。』太祖皇帝笑而许之。晖整众而出，太祖皇帝拥马颈突陈而入，大呼曰：『吾止取皇甫晖，他人非吾敌也！』手剑击晖，中脑，生擒之，并擒姚凤，遂克滁州。后数日，宣祖皇帝为马军副都指挥使，⑭引兵夜半至滁州城下，传呼开门。太祖皇帝曰：『父子虽至亲，城门王事也，不敢奉命！』明旦，乃得入。

上遣翰林学士窦仪籍滁州帑藏，太祖皇帝遣亲吏取藏中绢。仪曰：『公初克城时，虽倾藏取之，无伤也。今既籍为官物，非有诏书，不可得也。』太祖皇帝由是重仪。诏左金吾卫将军马崇祚知滁州。

初，永兴节度使刘词遗表荐其幕僚蓟人赵普有才可用。会滁州平，范质荐普为滁州军事判官，太祖皇帝与语，悦之。时获盗百余人，皆应死，普请先讯鞫然后决，所活什七八。太祖皇帝益奇之。

太祖皇帝威名日盛，每临陈，必以繁缨饰马，铠仗鲜明。或曰：『如此，为敌所识。』太祖皇帝曰：『吾固欲其识之耳！』

唐主遣泗州牙将王知朗赍书抵徐州，称：『唐皇帝奉书大周皇帝，请息兵修好，愿以兄事帝，岁输货财以助军费。』甲戌，徐州以闻；帝不答。戊寅，命前武胜节度使侯章等攻寿州水寨，决其壕之西北隅，导壕水入于淝。

太祖皇帝遣使献皇甫晖等，晖伤甚，见上，卧而言曰：『臣非不忠于所事，但士卒勇怯不同耳。臣曩日屡与契丹战，⑮未尝见兵精如此。』因盛称太祖皇帝之勇。上释之，后数日卒。

帝诇知扬州无备，己卯，命韩令坤等将兵袭之，戒以毋得残民；其李氏陵寝，⑯遣人与李氏人共守护之。

唐主兵屡败，惧亡，乃遣翰林学士、户部侍郎钟谟、工部侍郎、文理院学士李德明奉表称臣，来请平，献御服、茶药及金器千两，银器五千两，缯锦二千匹，犒军牛五百头，酒二千斛，壬午，至寿州城下。谟、德明素辩口，上知其欲游说，盛陈甲兵而见之，曰：『尔主自谓唐室苗裔，⑰宜知礼义，异于他国。与朕止隔一水，未尝遣一介修好，惟泛海通契丹，舍华事夷，礼义安在？且汝欲说我令罢兵邪？我非六国愚主，岂汝口舌所能移邪！可归语汝主：亟来见朕，再拜谢过，则无事矣。不然，朕欲观金陵城，借府库以劳军，汝君臣得无悔乎！』谟、德明战栗不敢言。

【注释】

①上窑：镇名。今安徽怀远县南。②来远镇：今安徽寿县西南。③围镇：今河南杞县南。④陈州：今河南淮阳县。

⑤龚、黄：指西汉的良吏龚遂、黄霸。龚遂，今山东邹县人，字少卿。宣帝时为渤海太守，当时正值饥荒，他单身至郡，开仓济贫，劝民农桑，百姓争相卖剑买牛，卖刀买犊，因此境内大治。黄霸，今河南太康人，字次公。宣帝时为颍

川太守，任扬州刺史，得吏民心。后官至御史大夫、丞相，封建成侯。西汉一代言治理吏民百姓，他为第一。⑥韩、彭：指西汉的良将韩信、彭越。彭越，今山东金乡西北人，字仲。秦末聚众起兵，汉高祖初归顺刘邦，平定梁地，多建奇功，封为梁王。⑦清流关：地名。今安徽滁县西北。⑧永宁镇：今安徽阜阳县。⑨下蔡镇：今安徽凤台县。⑩涂山：地名。今安徽蚌埠市西淮河南岸。⑪涡口：地名。今安徽怀远县。⑫盛唐：县名。今安徽六安。⑬滁州：今安徽滁县。⑭宣祖皇帝：即赵匡胤的父亲赵弘殷，赵匡胤在做皇帝后追赠他的父亲为宣祖皇帝。⑮屡与契丹战：后唐庄宗时，皇甫晖戍守瓦桥，屡抗契丹军。⑯李氏：指南唐李氏。⑰唐室苗裔：南唐主是唐太宗李世民的儿子吴王李恪的后代，因此南唐主自称是唐室的后裔。

吴越王弘俶遣兵屯境上以俟周命。苏州营田指挥使陈满言于丞相吴程曰：『周师南征，唐举国惊扰，常州无备，易取也。』会唐主有诏抚安江阴吏民，满告程云：『周诏书已至。』程为之言于弘俶，请亟发兵从其策。丞相元德昭曰：『唐大国，未可轻也。若我入唐境而周师不至，谁与并力，能无危乎！请姑俟之。』程固争，以为时不可失，弘俶卒从程议。癸未，遣程督衢州刺史鲍修让、中直都指挥使罗晟趣常州。程谓将士曰：『元丞相不欲出师。』将士怒，流言欲击德昭。弘俶匿德昭于府中，令捕言者，叹曰：『方出师而士卒欲击丞相，不祥甚哉！』

乙酉，韩令坤奄至扬州。平旦，先遣白延遇以数百骑驰入城，城中不之觉。令坤继至，唐东都营屯使贾崇焚官府民舍，弃城南走，副留守工部侍郎冯延鲁髡发被僧服，匿于佛寺，军士执之。令坤慰抚其民，使皆安堵。

庚寅，王逵奏拔鄂州长山寨，执其将陈泽等，献之。

辛卯，太祖皇帝奏唐天长制置使耿谦降，①获刍粮二十余万。

唐主遣园苑使尹延范如泰州，②迁吴让皇③之族于润州。④延范以道路艰难，恐杨氏为变，尽杀其男子六十人，还报，唐主怒，腰斩之。

韩令坤攻唐泰州，拔之，刺史方讷奔金陵。

唐主遣人以蜡丸求救于契丹。壬辰，静安军使何继先获而献之。

以给事中高防权知泰州。

癸巳，吴越王弘俶遣上直都指挥使路彦铢攻宣州，罗晟帅战舰屯江阴。唐静海制置使姚彦洪帅兵民万人奔吴越。

潘叔嗣属将士而告之曰：『吾事令公至矣，⑤今乃信谗疑怒，军还，必击我。吾不能坐而待死，汝辈能与我俱西乎？』众愤怒，请行，叔嗣帅之西袭朗州。逵闻之，还军追之，及于武陵城外，与叔嗣战，逵败死，

或劝叔嗣遂据朗州，叔嗣曰：『吾救死耳，安敢自尊？宜以督府归潭州太尉，⑥岂不以武安见处乎！』乃归岳州，使团练判官李简帅朗州将吏迎武安节度使周行逢。众谓行逢：『必以潭州授叔嗣。』行逢曰：『叔嗣贼杀主帅，罪当族。所可恕者，得武陵而不有，以授吾耳。若遽用为节度使，天下谓我与之同谋，何以自明！宜且以为行军司马，俟逾年，授以节钺可也。』乃以衡州刺史莫弘万权知潭州，帅众入朗州，自称武平、武安留后，告于朝廷，以叔嗣为行军司马。叔嗣怒，称疾不至。行逢曰：『行军司马，吾尝为之，权与节度使相埒耳，叔嗣犹不满望，更欲图我邪！』

或说行逢：『授叔嗣武安节钺以诱之，令至都府受命，此乃机上肉耳！』行逢从之。叔嗣将行，其所亲止之，叔嗣自恃素以兄事行逢，相亲善，遂行不疑。行逢遣使迎候，道路相望，既至，自出效劳，相见甚欢。叔嗣入谒，未至听事，⑦遣人执之，立于庭下，责之曰：『汝为小校无大功，王逵用汝为团练使，一旦反杀主帅。吾以畴昔之情，未忍斩汝，以为行军司马，乃敢违拒吾命而不受乎！』叔嗣知不免，以宗族为请。遂斩之。

【注释】①制置使：官名。为地方军事长官，制抚地方。②园苑使：官名。掌京城苑囿园地。③吴让皇：即五代时吴睿帝杨溥。④润州：今江苏镇江市。⑤令公：指王逵。当时王逵兼任中书令，故称。⑥潭州太尉：指周行逢。⑦听事：厅堂，指官府治事之所。

世宗睿武孝文皇帝中

显德三年　三月，甲午朔，上行视水寨，至淝桥，①自取一石，马上持之至寨以供炮，从官过桥者人赍一石。太祖皇帝乘皮船入寿春壕中，城上发连弩射之，矢大如屋椽。牙将馆陶张琼遽以身蔽之，矢中琼髀，死而复苏。镞着骨不可出，琼饮酒一大卮，令人破骨出之。流血数升，神色自若。

唐主复以右仆射孙晟为司空，遣与礼部尚书王崇质奉表入见，称：『自天祐以来，②海内分崩，或跨据一方，或迁革异代，臣绍袭先业，奄有江表，顾以瞻乌未定，附凤何从！③今天命有归，声教远被，愿比两浙、湖南，仰奉正朔，④谨守土疆，乞收薄伐之威，赦其后服之罪，首于下国，俾作外臣，则柔远之德，云谁不服！』又献金千两，银十万两，罗绮二千匹。晟谓冯延己曰：『此行当在左相，⑤晟若辞之，则负先帝。』既行，知不免，中夜，叹息谓崇质曰：『君家百口，宜自为谋。吾思之熟矣，终不负永陵一抔土，⑥余无所知。』

南汉甘泉宫使林延遇，阴险多计数，南汉主倚信之，诛灭诸弟，皆延遇之谋也。乙未卒，国人相贺。延遇病甚，荐内给事龚澄枢自代，⑦南汉主即日擢澄枢知承宣院及内侍省。澄枢，番禺人也。

光、舒、黄招安巡检使、行光州刺史何超以安、随、申、蔡四州兵数万攻光州。⑧丙申，超奏唐光州刺史张绍弃城走，都监张承翰以城降。

丁酉，行舒州刺史郭令图拔舒州。唐蕲州将李福杀其知州王承巂，举州来降。遣六宅使齐藏珍攻黄州。彰武留后李彦頵，性贪虐，部民与羌胡作乱，攻之。上召彦頵还朝。

秦、凤之平也，上赦所俘蜀兵以隶军籍，从征淮南，复亡降于唐。癸卯，唐主表献百五十人；上悉命斩之。

舒州人逐郭令图，铁骑都指挥使洛阳王审琦选轻骑夜袭舒州，复取之，令图乃得归。

马希崇及王延政之子继沂皆在扬州，诏抚存之。⑨

丙午，孙晟等至上所。庚戌，上遣中使以孙晟诣寿春城下，示刘仁赡，且招谕之。仁赡见晟，戎服拜于城上。晟谓仁赡曰：『君受国厚恩，不可开门纳寇。』上闻之，甚怒，晟曰：『臣为唐宰相，岂可教节度使外叛邪！』上乃释之。

唐主使李德明、孙晟言于上，请去帝号，割寿、濠、泗、楚、光、海六州之地。仍岁输金帛百万以求罢兵。上以淮南之地已半为周有，诸将捷奏日至，欲尽得江北之地，不许。德明见周兵日进，奏称：『唐主不知陛下兵力如此之盛，愿宽臣五日之诛，得归白唐主，尽献江北之地。』上乃许之。晟因奏遣王崇质与德明俱归。上遣供奉官安弘道送德明等归金陵，赐唐主诏，其略曰：『但存帝号，何爽岁寒！倘坚事大之心，终不迫人于险。』又曰：『俟诸郡之悉来，即大军之立罢。言尽于此，更不烦云，苟曰未然，请从兹绝。』又赐其将相书，使熟议而来。唐主复上表谢。

李德明盛称上威德及甲兵之强，劝唐主割江北之地，唐主不悦。宋齐丘以割地为无益，德明轻佻，言多过实，国人亦不之信。枢密使陈觉、副使李征古素恶德明与孙晟，使王崇质异其言，因谮德明于唐主曰：『德明卖国求利。』唐主大怒，斩德明于市。

【注释】①淝桥：桥梁名。今安徽寿县北淝河上。②天祐：唐昭宗李晔、唐哀帝李柷年号，公元904～907年。③瞻乌未定，附以何从：这两句话的意思是说还没有遇见真命天子，不知道归附于谁。④正朔：指一年的第一天。正，一年的开始；朔，一月的开始。正朔于是指新帝王颁布的历法。⑤左相：指冯延巳。⑥永陵：南唐烈祖李昪的陵墓。一抔土：指坟墓。⑦内给事：官名。掌承旨劳问，并分判内侍省事，多用宦官充任。⑧光州：今河南光山县。⑨诏抚存之：楚和闽世代事奉中原，其后人为南唐所得，因在扬州。后周攻取扬州，所以皇帝下诏抚存他们。

吴程攻常州，破其外郭，执唐常州团练使赵仁泽，送于钱唐，仁泽见吴越王弘俶不拜，责以负约。弘俶怒，抉其口至耳。元德昭怜其忠，为傅良药，得不死。

唐主以吴越兵在常州，恐其侵逼润州，以宣、润大都督燕王弘冀年少，恐其不习兵，征还金陵。部将赵铎言于弘冀曰：『大王元帅，众心所恃，逆自退归，所部必乱。』弘冀然之，辞不就征，部分诸将，为战守之备。

龙武都虞候柴克宏，再用之子也，[1]沉默好施，不事家产，虽典宿卫，日与宾客博弈饮酒，未尝言兵，时人以为非将帅才。至是，有言克宏久不迁官者，唐主以为抚州刺史。克宏请效死行陈，其母亦表称克宏有父风，可为将，荀不胜任，分甘孥戮。唐主乃以克宏为右武卫将军，使将兵会袁州刺史陆孟俊救常州。

时唐精兵悉在江北，克宏所将数千人皆羸老，枢密使李征古复以铠仗之朽蠹者给之。克宏诉于征古，征古慢骂之，众皆愤恚，克宏怡然。至润州，征古遣使召还，以神卫统军朱匡业代之。燕王弘冀谓克宏：『君但前战，吾当论奏。』乃表克宏才略可以成功，常州危在旦莫，不宜中易主将。克宏引兵径趣常州，征古复遣使召之，克宏曰：『吾计日破贼，汝来召吾，必奸人也！』命斩之。使者曰：『受李枢密命而来。』克宏曰：『李枢密来，吾亦斩之！』

初，鲍修让、罗晟在福州，与吴程有隙，至是，程抑挫之，二人皆怨。先是，唐主遣中书舍人乔匡舜使于吴越，壬子，柴克宏至常州，蒙其船以幕，匿甲士于其中，声言迎匡舜。吴越逻者以告，程曰：『兵交，使在其间，不可妄以为疑。』唐兵登岸，径薄吴越营，罗晟不力战，纵之使趣程帐，程仅以身免。克宏大破吴越兵，斩首万级。朱匡业至行营，克宏事之甚谨。吴程至钱唐，吴越王弘俶悉夺其官。

甲寅，蜀主以捧圣控鹤都指挥使李廷珪为左右卫圣诸军马步都指挥使，仍分卫圣、匡圣步骑为左右十军，以武定节度使吕彦琦等为使，廷珪总之，如赵廷隐之任。②

初，柴克宏为宣州巡检使，始至，城堑不修，器械皆阙，吏云：『自田頵、王茂章、李遇相继叛，③后人无敢治之者。』克宏曰：『时移事异，安有此理！』悉缮完之。由是路彦铢攻之不克，闻吴程败，乙卯，引归。唐主以克宏为奉化节度使，克宏复请将兵救寿州，未至而卒。

河阳节度使白重赞以天子南征，虑北汉乘虚入寇，缮完守备，且请兵于西京。西京留守王晏初不之与，又虑事出非常，乃自将兵赴之。重赞以晏不奉诏而来，拒不纳，遣人谓之曰：『令公昔在陕服，④已立大功，河阳小城，不烦枉驾！』晏惭怍而还。孟、洛之民，数日惊扰。

唐主命诸道兵马元帅齐王景达将兵拒周，以陈觉为监军使，前武安节度使边镐为应援都军使。中书舍人韩熙载上书曰：『信莫信于亲王，重莫重于元帅，安用监军使为！』唐主不从。遣鸿胪卿潘承祐诣泉、建召募骁勇，承祐荐前永安节度使许文稹、静江指挥使陈德诚、建州人郑彦华、林仁肇。唐主以文稹为西面行营应援使，彦华、仁肇皆为将。仁肇，仁翰之弟也。

【注释】

①再用：即柴再用，今河南汝南县人。初名存，录淮南节度使孙儒部下。孙儒败后，投奔杨行密。勇敢善战，所向无敌，因功授光州刺史。杨行密建立吴国后，历官马军指挥使、德胜军节度使。②如赵廷隐之任：后蜀自从李仁罕被诛后，赵廷隐总领宿卫诸军，后被安思谦谮而罢职。③自田頵、王茂章、李遇相继叛：唐昭宗天复三年（公元903年），田頵以宣州叛杨行密。天祐二年（公元905年），王茂章叛。后梁乾化二年（公元912年），李遇叛。④令公昔在陕服：天福十二年（公元947年），王晏举陕城投降后汉高祖。当时王晏兼任中书令，故称他为令公。

夏，四月，甲子，以侍卫新军都指挥使、归德节度使李重进为庐、寿等州招讨使，以武宁节度使武行德为濠州城下都部署。

唐右卫将军陆孟俊自常州将兵万余人趣泰州，周兵遁去，孟俊复取之，遣陈德诚戍泰州。孟俊进攻扬州，屯于蜀冈，[1]韩令坤弃扬州走。帝遣张永德将兵救之，令坤复入扬州。帝又遣太祖皇帝将兵屯六合。太祖皇帝令曰：『扬州兵有过六合者，折其足！』令坤始有固守之志。帝自至寿春以来，命诸军昼夜攻城，久不克。会大雨，营中水深数尺，攻具及士卒失亡颇多，粮运不继，李德明失期不至，乃议旋师。或劝帝东幸濠州，声言寿州已破，从之。己巳，帝自寿春循淮而东，乙亥，至濠州。

韩令坤败唐兵于城东，擒陆孟俊。初，孟俊之废马希萼立希崇也，灭故舒州刺史杨昭恽之族而取其财。杨氏有女美，献于希崇。令坤入扬州，希崇以杨氏遗令坤，令坤嬖之。既获孟俊，将械送帝所。杨氏在帘下，忽抚膺恸哭。令坤惊问之，对曰：『孟俊昔在潭州，杀妾家二百口。今见之，请复其冤。』令坤乃杀之。

唐齐王景达将兵二万自瓜步济江，[2]距六合二十余里，设栅不进。诸将欲击之，太祖皇帝曰：『彼设栅自固，惧我也。今吾众不满二千，若往击之，则彼见吾众寡矣；不如俟其来而击之，破之必矣！』居数日，唐出兵趣六合，太祖皇帝奋击，大破之，杀获近五千人，余众尚万余，走渡江，争舟溺死者甚众，于是唐之精卒尽矣。

是战也，士卒有不致力者，太祖皇帝阳为督战，以剑斫其皮笠。明日，遍阅其皮笠，有剑跡者数十人，皆斩之，由是部兵莫敢不尽死。

先是，唐主闻扬州失守，命四旁发兵取之。己卯，韩令坤奏败楚州兵万余人于湾头堰，获涟州刺史秦进崇。[3]张永德奏败泗州兵万余人于曲溪堰。[4]

丙戌，以宣徽南院使向训为淮南节度使兼沿江招讨使。涡口奏新作浮梁成。丁亥，帝自濠州如涡口。帝锐于进取，欲自至扬州，范质等以兵疲食少，泣谏而止。帝尝怒翰林学士窦仪，欲杀之，范质入救之。帝望见，知其意，即起避之。质趋前伏地，叩头谏曰：『仪罪不至死，臣为宰相，致陛下枉杀近臣，罪皆在臣。』继之以泣。帝意解，乃释之。

北汉葬神武帝于交城北山，庙号世祖。

五月，壬辰朔，以涡口为镇淮军。

丙申，唐永安节度使陈诲败福州兵于南台江，[5]俘斩千余级。唐主更命永安曰忠义军。诲，德诚之父也。

戊戌，帝留侍卫亲军都指挥使李重进等围寿州，自涡口北归，乙卯，至大梁。

六月，壬申，赦淮南诸州系囚，除李氏非理赋役，事有不便于民者，委长吏以闻。

侍卫步军都指挥使、彰信节度使李继勋营于寿州城南，唐刘仁赡伺继勋无备，出兵击之，杀士卒数百人，焚其攻具。

唐驾部员外郎朱元因奏事论用兵方略，[6]唐主以为能，命将兵复江北诸州。

秋，七月，辛卯朔，以周行逢为武平节度使，制置武安、静江等军事。行逢既兼总湖、湘，乃矫前人之弊，留心民事，悉除马氏横赋，贪吏猾民为民害者皆去之，择廉平吏为刺史、县令。

朗州民、夷杂居，刘言、王逵旧将卒多骄横，行逢壹以法治之，无所宽假，众怨怼且惧。有大将与其党十余人谋作乱，行逢知之，大会诸将，于座中擒之。数曰：『吾恶衣粝食，充实府库，正为汝曹，何负而反！今日之会，与汝诀也！』立挝杀之，座上股栗。行逢曰：『诸君无罪，皆宜自安。』乐饮而罢。

行逢多计数，善发隐伏，将卒有谋乱及叛亡者，行逢必先觉，擒杀之，所部凛然。然性猜忍，常散遣人密诇诸州事，其之邵州者，[7]无事可复命，但言刺史刘光委多宴饮。行逢曰：『光委数聚饮，欲谋我邪！』即召还，杀之。亲卫指挥使、衡州刺史张文表恐获罪，求归治所，行逢许之。文表岁时馈献甚厚，及谨事左右，由是得免。

行逢妻郧国夫人邓氏，陋而刚决，善治生，尝谏行逢用法太严，人无亲附者。行逢怒曰：『汝妇人何知！』邓氏不悦，因请之村墅视田园，遂不复归府舍。行逢屡遣人迎之，不至。一旦，自帅僮仆来输税，行逢就见之，曰：『吾为节度使，夫人何自苦如此！』邓氏曰：『税，官物也。公为节度使，不先输税，何以率下！且独不记为里正代人输税以免楚挞时邪？』行逢欲与之归，不可，曰：『公诛杀太过，常恐一旦有变，村墅易为逃匿耳。』行逢惭怒，其僚属曰：『夫人言直，公宜纳之。』

行逢婿唐德求补吏，行逢曰：『汝才不堪为吏，吾今私汝则可矣。汝居官无状，吾不敢以法贷汝，则亲戚之恩绝矣。』与之耕牛、农具而遣之。

行逢少时尝坐事黥，隶辰州铜坑，或说行逢：『公面有文，恐为朝廷使者所嗤，请以药灭之。』行逢曰：『吾闻汉有黥布，⑧不害为英雄，吾何耻焉！』

自刘言、王逵以来，屡举兵，将吏积功及所羁縻蛮夷，检校官⑨至三公者以千数。前天策府学士徐仲雅，自马希广之废，杜门不仕，行逢慕之，署节度判官。仲雅曰：『行逢昔趋事我，奈何为之幕吏！』辞疾不至。行逢迫胁固召之，面授文牒，终辞不取，行逢怒，放之邵州，既而召还。会行逢生日，诸道各遣使致贺，行逢有矜色，谓仲雅曰：『自吾兼镇三府，⑩四邻亦畏我乎？』仲雅曰：『侍中境内，⑪弥天太保，遍地司空，四邻那得不畏！』行逢复放之邵州，竟不能屈。有僧仁及，为行逢所信任，军府事皆预之，亦加检校司空，娶数妻，出入导从如王公。

辛亥，宣懿皇后符氏殂。

唐将朱元取舒州，刺史郭令图弃城走。李平取蕲州。唐主以元为舒州团练使，平为蕲州刺史。元又取和州。

初，唐人以茶盐强民而征其粟帛，谓之博征，⑫又兴营田于淮南，民甚苦之。及周师至，争奉牛酒迎劳。而将帅不之恤，专事俘掠，视民如土芥。民皆失望，相聚山泽，立堡壁自固，操农器为兵，积纸为甲，时人谓之『白甲军』。周兵讨之，屡为所败，先所得唐诸州，多复为唐有。唐之援兵营于紫金山，与寿春城中烽火相应。淮南节度使向训奏请以广陵之兵并力攻寿春，俟克城，更图进取，诏许之。训封府库以授扬州主者，命扬州牙将分部按行城中，秋毫不犯，扬州民感悦，军还，或负糗糒以送之。滁州守将亦弃城去，皆引兵趣寿春。

唐诸将请据险以邀周师，宋齐丘曰：『如此，则怨益深，不如纵之，以德于敌，则兵易解也。』乃命诸将各自守，毋得擅出击周兵。由是寿春之围益急。齐王景达军于濠州，遥为寿州声援，军政皆出于陈觉，景达署纸尾而已。拥兵五万，无决战意，将吏畏觉，无敢言者。

【注释】

①蜀冈：山名。今江苏扬州市西北蜀冈山。②瓜步：瓜步山，今江苏六合县东南瓜埠山。③湾头堰：今江苏扬州市东北湾头镇。涟州：今江苏涟水县。④曲溪堰：今江苏盱眙县西南。⑤南台江：今福建福州市南闽江。⑥驾部：官职名。掌舆辇、传乘、邮传、厩牧之事。⑦邵州：今湖南邵阳市。⑧黥布：即英布汉初大臣。曾经因为犯法被处以黥刑，因此又称黥布，秦末率骊山刑徒起事，归附项羽，封九江王。楚汉相争时归汉，封淮南王，从刘邦在垓下击灭项羽。后来，韩信、彭越被杀，他心不自安，于是起兵反。刘邦亲征，他兵败逃奔长沙，被人所杀。⑨检校：官名。这里指散官，指诏除而非正式的加官。⑩三府：指武平、武安、静江军三府。⑪侍中：周行逢当时兼任侍中，故称。⑫博征：交换征收。

八月，戊辰，端明殿学士王朴、司天少监王处讷撰《显德钦天历》，[1]上之。诏自来岁行之。

殿前都指挥使、义成节度使张永德屯下蔡，唐将林仁肇以水陆军援寿春。永德与之战，仁肇以船实薪刍，因风纵火，欲焚下蔡浮梁，俄而风回，唐兵败退。永德为铁绠千余尺，距浮梁十余步，横绝淮流，系以巨木，由是唐兵不能近。

九月，丙午，以端明殿学士、左散骑常侍、权知开封府事王朴为户部侍郎，充枢密副使。

冬，十月，癸酉，李重进奏唐人寇盛唐，铁骑都指挥使王彦升等击破之，斩首三千余级。彦升，蜀人也。

丙子，上谓侍臣：『近朝征敛谷帛，多不俟收获、纺绩之毕。』乃诏三司，自今夏税以六月，秋税以十月起征，民间便之。

山南东道节度使、守太尉兼中书令安审琦镇襄州十余年，至是入朝，除守太师，遣还镇。既行，上问宰相：『卿曹送之乎？』对曰：『送至城南，审琦深感圣恩。』[2]上曰：『近朝多不以诚信待诸侯，诸侯虽有欲效忠节者，其道无由。王者但能毋失其信，何患诸侯不归心哉！』

壬午，张永德奏败唐兵于下蔡。是时唐复以水军攻永德，永德夜令善游者没其船下，縻以铁锁，纵兵击之，船不得进退，溺死者甚众。永德解金带以赏善游者。

甲申，以太祖皇帝为定国节度使兼殿前都指挥使。[3]太祖皇帝表渭州军事判官赵普为节度推官。

张永德与李重进不相悦，永德密表重进有二心，帝不之信。时二将各拥重兵，众心忧恐。重进一日单骑诣永德营，从容宴饮，谓永德曰：『吾与公幸以肺附俱为将帅，④奚相疑若此之深邪？』永德意乃解，众心亦安。唐主闻之，以蜡书遗重进，诱以厚利。其书皆谤毁及反间之语，重进奏之。

初，唐使者孙晟、钟谟从帝至大梁，帝待之甚厚，每朝会，班于中书省官之后。时召见，饮以醇酒，问以唐事。晟但言『唐主畏陛下神武，事陛下无二心。』及得唐蜡书，帝大怒，召晟，责以所对不实。晟正色抗辞，请死而已。问以唐虚实，默不对。十一月，乙巳，帝命都承旨曹翰送晟于右军巡院，⑤更以帝意问之。翰与之饮酒数行，从容问之，晟终不言。翰乃谓曰：『有敕，赐相公死。』晟神色怡然，索鞋笏，整衣冠，南向拜曰：『臣谨以死报国！』乃就刑。并从者百余人皆杀之，贬钟谟耀州司马。既而帝怜晟忠节，悔杀之，召谟，拜卫尉少卿。⑥

帝召华山隐士真源陈抟，⑦问以飞升、黄白之术。对曰：『陛下为天子，当以治天下为务，安用此为！』戊申，遣还山，诏州县长吏常存问之。

十二月，壬申，以张永德为殿前都点检。⑧

分命中使发陈、蔡、宋、亳、颍、兖、曹、单等州丁夫数万城下蔡。⑨

是岁，唐主诏淮南营田害民尤甚者罢之。遣兵部郎中陈处尧持重币，浮海如契丹乞兵。契丹不能为之出兵，而留处尧不遣。处尧刚直有口辩，久之，忿怼，数面责契丹主，契丹主亦不之罪也。

蜀陵、荣州獠反，⑩弓箭库使赵季文讨平之。⑪

吴越王弘俶括境内民捕，劳扰颇多，判明州钱弘亿手疏切谏，罢之。

【注释】

①《显德钦天历》：当初，王处讷私自在家修改唐朝所实行的《崇玄历》，撰成《明玄历》。后周世宗因为王朴精通天文历数，于是诏令王朴撰定，以《步日》《步月》、《步星》《步发敛》为四篇，合为《历经》，另外两人合著《七政细行历》一卷，与前四卷一起组成《显德钦天历》。②审琦深感圣恩：五代以来，方镇入朝的，或者滞留不遣，或者调换镇所，安审琦入朝以后，被加官，又遣回原来的镇所，所以他对皇上感恩。③定国节度使：赵匡胤当皇帝后，为了避讳，才把匡国军改名为定国军，这里用的是后来改了的名称。④肺腑：比喻帝王的近亲。⑤都承旨：官名。五

代时置，以诸卫将军充任。右军巡院：侍卫亲军分左、右两军，各有巡院，用来审讯、囚禁犯人。⑥卫尉少卿：掌武器、仪仗等事。⑦真源：县名。今河南鹿邑县东。陈抟：字图南，后唐末举进士不第，遂隐居于武当山九室岩，服气避谷。后移居华山。后周世宗曾召他为谏议大夫，他不受。北宋太平兴国中来朝，宋太宗非常器重他，赐号『希夷先生』。⑧殿前都点检：官名。为后周最高军职之一，为殿前司最高统兵官。后来赵匡胤以殿前都点检职发动陈桥兵变，不复置，而以殿前都指挥使统领。⑨曹：州名。今山东曹县西北。单：州名。今山东单县南。⑩陵、荣州：陵州，今四川仁寿县东。荣州，今四川荣县。⑪弓箭库使：官名。掌收储御用弓箭、戎具等事。

四年 春，正月，己丑朔，北汉大赦，改元天会。以翰林学士卫融为中书侍郎、同平章事，内客省使段恒为枢密使。

宰相屡请立皇子为王，上曰：『诸子皆幼，[1]且功臣之子皆未加恩，而独先朕子，皆自安乎！』

周兵围寿春，连年未下，城中食尽。齐王景达自濠州遣应援使、永安节度使许文稹、都军使边镐、北面招讨使朱元将兵数万，溯淮救之，军于紫金山，列十余寨如连珠，与城中烽火晨夕相应，又筑甬道抵寿春，[2]欲运粮以馈之，绵亘数十里。将及寿春，李重进邀击，大破之，死者五千人，夺其二寨。丁未，重进以闻。戊申，诏以来月幸淮上。

刘仁赡请以边镐守城，自帅众决战，齐王景达不许，仁赡愤邑成疾。其幼子崇谏夜泛舟渡淮北，为小校所执，仁赡命腰斩之，左右莫敢救，监军使周廷构哭于中门以救之，仁赡不许。廷构复使求救于夫人，夫人曰：『妾于崇谏非不爱也，然军法不可私，名节不可亏，若贷之，则刘氏为不忠之门，妾与公何面目见将士乎！』趣命斩之，然后成丧。将士皆感泣。

议者以唐援兵尚强，多请罢兵，帝疑之。李谷寝疾在第。二月，丙寅，帝使范质、王溥就与之谋，谷上疏，以为：『寿春危困，破在旦夕，若銮驾亲征，则将士争奋，援兵震恐，城中知亡，必可下矣！』上悦。

庚午，诏有司更造祭器、祭玉等，命国子博士聂崇义讨论制度，为之图。

甲戌，以王朴权东京留守兼判开封府事，以三司使张美为大内都巡检，以侍卫都虞候韩通为京城内外都巡检。乙亥，帝发大梁。先是周与唐战，唐水军锐敏，周人无以敌之，帝每以为恨。返自寿春，于大梁城西汴水侧造战舰数百艘，命唐降卒教北人水战，数月之后，纵横出没，殆胜唐兵。至是命右骁卫大将军王环将水军数千自闵河[3]沿颍入淮，唐人见之大惊。

乙酉，帝至下蔡。三月，己丑夜，帝渡淮，抵寿春城下。庚寅旦，躬擐甲胄，军于紫金山南，命太祖皇帝击唐先锋寨及山北一寨，皆破之，斩获三千余级，断其甬道，由是唐兵首尾不能相救。至暮，帝分兵守诸寨，还下蔡。

唐朱元恃功，颇违元帅节度，陈觉与元有隙，屡表元反覆，不可将兵，唐主以武昌节度使杨守忠代之。守忠至濠州，觉以齐王景达之命，召元至濠州计事，将夺其兵。元闻之，愤怒，欲自杀，门下客宋垍说元曰：『大丈夫何往不富贵，何必为妻子死乎！』辛卯夜，元与先锋壕寨使朱仁裕等举寨万余人降，裨将时厚卿不从，元杀之。

帝虑其余众沿流东溃，遽命虎捷左厢都指挥使赵晁将水军数千沿淮而下。壬辰旦，帝军于赵步，④诸将击唐紫金山寨，大破之，杀获万余人，擒许文稹、边镐、杨守忠。余众果沿淮东走，帝自赵步将骑数百循北岸追之，诸将以步骑循南岸追之，水军自中流而下，唐兵战溺死及降者殆四万人，获船舰粮仗以十万数。晡时，⑤帝驰至荆山洪，⑥距赵步二百余里。是夜，宿镇淮军，⑦癸酉，从官始至。刘仁赡闻援兵败，扼吭叹息。

甲午，发近县丁夫数千城镇淮军，为二城，夹淮水，徙下蔡浮梁于其间，扼濠、寿应援之路。会淮水涨，唐濠州都监彭城郭廷谓以水军溯淮，欲掩不备，焚浮梁。右龙武统军赵匡赞觇知之，伏兵邀击，破之。

唐齐王景达及陈觉皆自濠州奔归金陵，惟静江指挥使陈德诚全军而还。

戊戌，以淮南节度使向训为武宁节度使、淮南道行营都监，将兵戍镇淮军。

己亥，上自镇淮军复如下蔡。庚子，赐刘仁赡诏，使自择祸福。

唐主议自督诸将拒周，中书舍人乔匡舜上疏切谏，唐主以为沮众，流抚州。唐主问神卫统军朱匡业、刘存忠以守御方略，匡业诵罗隐诗曰：⑧『时来天地皆同力，运去英雄不自由。』⑨存忠以匡业言为然。唐主怒，贬匡业抚州副使，流存忠于饶州。既而竟不敢自出。

甲辰，帝耀兵于寿春城北。唐清淮节度使兼侍中刘仁赡病甚，不知人，丙午，监军使周廷构、营田副使孙羽等作仁赡表，遣使奉之来降。丁未，帝赐仁赡诏，遣阖门使万年张保续入城宣谕，仁赡子崇让复出谢罪。戊申，帝大陈甲兵，受降于寿春城北，廷构等舁仁赡出城，仁赡卧不能起，帝慰劳赐赉，复令入城养疾。

庚戌，徙寿州治下蔡，赦州境死罪以下。州民受唐文书聚山林者，并召令复业，勿问罪。有尝为其杀伤者，毋得仇讼。

曩日政令有不便于民者，令本州条奏。辛亥，以刘仁赡为天平节度使兼中书令，制辞略曰：『尽忠所事，抗节无亏，前代名臣，几人堪比！朕之伐叛，得尔为多。』是日，卒，追赐爵彭城郡主。唐主闻之，亦赠太师。帝复以清淮军为忠正军，以旌仁赡之节，以右羽林统军杨信为忠正节度使、同平章事。

【注释】①诸子：世宗的诸子分别为柴宗训、熙让、熙谨、熙诲等。②甬道：两边筑墙的通道。③闵河：今河南新郑县。④赵步：地名。今安徽凤台县东淮河北岸。⑤晡：申时，相当于现在下午三点至五点。⑥荆山洪：地名。今安徽怀远县西南淮河畔。⑦镇淮军：方镇名。今安徽怀远县。⑧罗隐：唐末诗人。余杭人。原名横，举进士十几次不第，改名隐，字昭谏，自号江东生。⑨『时来天地皆同力，运去英雄不自由』：时机到来的时候天地都一起帮助你，气运离去的时候英雄也身不由己。

前许州司马韩伦，侍卫马军都指挥使令坤之父也。令坤领镇安节度使，伦居于陈州，干预政事，贪污不法，为公私患，为人所讼，令坤屡为之泣请。癸丑，诏免伦死，流沙门岛。①

伦后得赦还，居洛阳，与光禄卿致仕柴守礼及当时将相王溥、王晏、王彦超之父游处，恃势恣横，洛阳人畏之，谓之十阿父。帝既为太祖嗣，人无敢言守礼子者，但以元舅处之，优其俸给，未尝至大梁。尝以小忿杀人，有司不敢诘，帝知而不问。

诏开寿州仓振饥民。丙辰，帝北还，夏，四月，己巳，至大梁。

诏修永福殿，命宦官孙延希董其役。丁丑，帝至其所，见役徒有削柿为匕，瓦中啖饭者，大怒，斩延希于市。

帝之克秦、凤也，以蜀兵数千人为怀恩军。乙亥，遣怀恩指挥使萧知远等将士八百余人西还。②

壬午，李谷扶疾入见，帝命不拜，坐于御坐之侧。谷恳辞禄位，不许。

甲申，分江南降卒为六军、三十指挥，号怀德军。

乙酉，诏疏汴水北入五丈河，③由是齐、鲁舟楫皆达于大梁。

五月，丁酉，以太祖皇帝领义成节度使。

诏以律令文古难知，格敕烦杂不壹，④命侍御史知杂事张湜等训释，⑤详定为《刑统》。⑥

唐郭廷谓将水军断涡口浮梁，又袭败武宁节度使武行德于定远，行德仅以身免。唐主以廷谓为滁州团练使，充上淮水陆应援使。

蜀人多言左右卫圣马步都指挥使、保宁节度使、同平章事李廷珪为将败覆，不应复典兵，廷珪亦自请罢去。六月，乙丑，蜀主加廷珪检校太尉，罢军职。李太后以典兵者多非其人，谓蜀主曰：『吾昔见庄宗跨河与梁战，⑦及先帝在太原，⑧平二蜀，诸将非有大功，无得典兵，故士卒畏服。今王昭远出于厮养，⑨伊审征、韩保贞、赵崇韬皆膏粱乳臭子，素不习兵，徒以旧恩置于人上，平时谁敢言者！一旦疆场有事，安能御大敌乎！以吾观之，惟高彦俦太原旧人，⑩终不负汝，自余无足任者。』蜀主不能从。

丁丑，以前华州刺史王祚为颍州团练使。祚，溥之父也。溥为宰相，祚有宾客，溥常朝服侍立。客坐不安席，祚曰：『豘犬不足为起。』⑪

秋，七月，丁亥，上治定远军及寿春城南之败，以武宁节度使兼中书令武行德为左卫上将军，河阳节度使李继勋为右卫大将军。

北汉主初立七庙。⑫

司空兼门下侍郎、同平章事李谷卧疾二年，凡九表辞位，八月，乙亥，罢守本官，令每月肩舆一诣便殿议政事。

以枢密副使、户部侍郎王朴检校太保，充枢密使。

怀恩军至成都，蜀主遣梓州别驾胡立等八十人东还，且致书为谢，请通好。癸未，立等至大梁。帝以蜀主抗礼，不之答。蜀主闻之，怒曰：『朕为天子郊祀天地时，尔犹作贼，何敢如是！』

【注释】

①沙门岛：今山东长岛县西北庙岛。②『遣怀恩指挥使』句：让后蜀士兵返回的目的在于显示后周的威德，又让他们回去告诉后蜀主，后周已经平定了淮南几千里地方，来恐吓后蜀人。③五丈河：今河南开封市，东经今兰考县及山东定陶县，到巨野县西北入梁山泊，下接济水。④格：格式。格指官吏处事的规例；式指则例。⑤知杂事：以任职久者一人主管台内一切事务，称为知杂事。⑥《刑统》：又称《大周刑统》或《显德刑统类》。共十二卷，

通行于整个宋代，宋以后亡佚，但成为《宋刑统》的依据。⑦「吾昔见」句：李太后本来是后唐庄宗的后宫，庄宗把她赐给孟知祥，所以她知道二主时的事情。⑧先帝：指后蜀高祖、后蜀建立者孟知祥。⑨王昭远出于厮养：王昭远小时候为东郭禅师智谭的童子。⑩高彦俦：太原人。后蜀主广政中历官宁江军都巡检、制置招讨使、昭武节度使，守夔州，北宋军队至，劝他投降，他不从，跳楼纵火自杀。⑪豘：小猪。⑫七庙：帝王设立七庙供奉七代祖宗。

九月，中书舍人窦俨上疏请令有司讨论古今礼仪，作《大周通礼》，考正钟律，作《大周正乐》。又以：『为政之本，莫大择人；择人之重，莫先宰相。自有唐之末，轻用名器，①始为辅弼，即兼三公、仆射之官。故其未得之也，则以趋竞为心；既得之也，则以容默为事。但思解密勿之务，守崇重之官，逍遥林亭，保安宗族。乞令即日宰相于南宫三品、两省给、舍以上，②各举所知。若陛下素知其贤，自可登庸；若其未也，且令以本官权知政事。期岁之间，察其职业，若果能堪称，其官已高，则除平章事；未高，则稍更迁官，权知如故。若有不称，则罢其政事，责其举者。又，班行之中，有员无职者太半，乞量其才器，授以外任，试之于事，还则以旧官登叙，考其治状，能者进之，否者黜之。』又请：『令盗贼自相纠告，以其所告赀产之半赏之；或亲戚为之首，则论其徒侣而赦其所首者。如此，则盗不能聚矣。又，新郑乡村团为义营，各立将佐，一户为盗，累其一村；一户被盗，罪其一将。每有盗发，则鸣鼓举火，丁壮云集，盗少民多，无能脱者。由是邻县充斥而一境独清。请令他县皆效之，亦止盗之一术也。又，累朝已来，屡下诏书，听民多种广耕，止输旧税，及其既种，则有司履亩而增之，故民皆疑惧而田不加辟。夫为政之先，莫如敦信，信苟著矣，则田无不广，田广则谷多，谷多则藏之民犹藏之官也。』又言：『陛下南征江、淮，一举而得八州，③再驾而平寿春，威灵所加，前无强敌。今以众击寡，以治伐乱，势无不克。但行之贵速，则彼民免俘馘之灾，此民息转输之困矣。』帝览而善之。俨，仪之弟也。

冬，十月，戊午，设贤良方正直言极谏、经学优深可为师法、详闲吏理达于教化等科。

癸亥，北汉麟州刺史杨重训举城降，以为麟州防御使。

己巳，以王朴为东京留守，听以便宜从事。以三司使张美充大内都点检。

壬申，帝发大梁；十一月，丙戌，至镇淮军，是夜五鼓，济淮；丁亥，至濠州城西。濠州东北十八里有滩，唐人栅于其上，环水自固，谓周兵必不能涉。戊子，帝自攻之，命内殿直康保裔帅甲士数百，乘橐驼涉水，太祖皇帝帅骑兵继之，遂拔之。李重进破濠州南关城。癸巳，帝自攻濠州，王审琦拔其水寨。唐人屯战船数百于城北，又植巨木于淮水以限周兵。帝命水军攻之，拔其木，焚战船七十余艘，斩首二千余级，又攻拔其羊马城，④城中震恐。丙申夜，唐濠州团练使郭廷谓上表言：『臣家在江南，今若遽降，恐为唐所种族，⑤请先遣使诣金陵禀命，然后出降。』帝许之。辛丑，帝闻唐有战船数百艘在涣水东，⑥欲救濠州。自将兵夜发水陆击之。癸卯，大破唐兵于洞口，⑦斩首五千余级，降卒二千余人，因鼓行而东，所至皆下。乙巳，至泗州城下，太祖皇帝先攻其南，因焚城门，破水寨及月城。⑧帝居于月城楼，督将士攻城。

北汉主自即位以来，⑨方安集境风，未遑外略。是月，契丹遣其大同节度使、侍中崔勋将兵来会北汉，欲同入寇。北汉主遣其忠武节度使、同平章事李存瑰将兵会之，南侵潞州，至其城下而还。北汉主知契丹不足恃而不敢遽与之绝，赠送勋甚厚。

十二月，乙卯，唐泗州守将范再遇举城降，以再遇为宿州团练使。上自至泗州城下，禁军中刍荛者毋得犯民田，民皆感悦，争献刍粟；既克泗州，无一卒敢擅入城者。帝闻唐战船数百艘泊洞口，遣骑诇之，唐兵退保清口。⑩

戊午旦，上自将亲军自淮北进，命太祖皇帝将步骑自淮南进，诸将以水军自中流进，共追唐兵。时淮滨久无行人，葭苇如织，多泥淖沟堑，士卒乘胜气芟涉争进，⑪皆忘其劳。庚申，追及唐兵，且战且行，金鼓声闻数十里。辛酉，至楚州西北，大破之。唐兵有沿淮东下者，帝自追之，太祖皇帝为前锋，行六十里，擒其保义节度使、濠、泗、楚、海都应援使陈承昭以归。所获战船烧沉之余得三百余艘，士卒杀溺之余得七千余人。唐之战船在淮上者，于是尽矣。

郭廷谓使者自金陵还，知唐不能救，命录事参军鄱阳李延邹草降表。延邹责以忠义，廷谓以兵临之，延邹掷笔曰：『大丈夫终不负国为叛臣作降表！』廷谓斩之，举濠州降，得兵万人，粮数万斛。唐主赏李延邹之子以官。

壬戌，帝济淮，至楚州，营于城西北。

乙丑，唐雄武军使、知涟水县事崔万迪降。

丙寅，以郭廷谓为亳州防御使。

戊辰，帝攻楚州，克其月城。

庚午，郭廷谓见于行宫，帝曰：『朕南征以来，江南诸将败亡相继，独卿能断涡口浮梁，破定远寨，所以报国足矣。濠州小城，使李璟自守，⑫能守之乎！』使将濠州兵攻天长。帝遣铁骑左厢都指挥使武守琦将骑数百趋扬州，至高邮。唐人悉焚扬州官府民居，驱其人南渡江。后数日，周兵至，城中余癃病十余人而已；癸酉，守琦以闻。帝闻泰州无备，遣兵袭之，丁丑，拔泰州。

南汉中书侍郎、同平章事卢膺卒。⑬

南汉主闻唐屡败，忧形于色，遣使入贡于周，为湖南所闭，乃治战舰，修武备。既而纵酒酣饮，曰：『吾身得免，幸矣，何暇虑后世哉！』

唐使者陈处尧在契丹，白契丹主请南游太原，北汉主厚礼之。留数日，北还，竟卒于契丹。

【注释】

①名器：表示等级的称号和车服仪制等为名器。②即日宰相：现任宰相。南宫：尚节省。三品：指六部尚书。两省给、舍：指中书、门下省的给事中、中书舍人。③八州：指光州、黄州、舒州、蕲州、和州、扬州、滁州、泰州等八州。④羊马城：城外加筑的类似城圈的工事。⑤种族：族诛。⑥涣水：河名。今河南开封东分狼汤渠，向东南流经杞县、睢县、柘城县，入安徽境，自此以下即今之浍河。⑦洞口：地名。在今安徽凤阳县东。⑧月城：大城外用以障蔽城门的半圆形小城。⑨北汉主自即位以来：显德元年（公元954年）冬十一月，北汉主即位。⑩清口：地名。今江苏清江市西南。⑪茇涉：形容走长路辛苦。⑫李璟：即南唐元宗，时在位。⑬卢膺：南汉大臣。初仕南汉高祖为工部侍郎。大有中，加太尉。中宗时拜中书侍郎、同平章事。

世宗睿武孝文皇帝下

显德五年 春，正月，乙酉，废匡国军。①

唐改元中兴。

丁亥，右龙武将军王汉璋奏克海州。

己丑，以侍卫马军都指挥使韩令坤权扬州军府事。

上欲引战舰自淮入江，阻北神堰，②不得渡；欲凿楚州西北鹳水以通其道，③遣使行视，还言地形不便，计功甚多。上自往视之，授以规画，发楚州民夫浚之，旬日而成，用功甚省。巨舰百艘皆达于江，唐人大惊，以为神。

壬辰，拔静海军，④始通吴越之路。先是帝遣左谏议大夫长安尹日就等使吴越，语之曰：『卿今去虽泛海，比还，淮南已平，当陆归耳。』已而果然。

甲辰，蜀右补阙章九龄见蜀主，⑤言政事不治，由奸佞在朝。蜀主问奸佞为谁，指李昊、王昭远以对。⑥蜀主怒，以九龄为毁斥大臣，贬维州录事参军。⑦

周兵攻楚州，逾四旬，唐楚州防御使张彦卿固守不下。乙巳，帝自督诸将攻之，宿于城下。丁未，克之。彦卿与都监郑昭业犹帅众拒战，矢刃皆尽，彦卿举绳床以斗而死，所部千余人，至死无一人降者。

高保融遣指挥使魏璘将战船百艘东下会伐唐，至于鄂州。

庚戌，蜀置永宁军于果州，⑧以通州隶之。

唐以天长为雄州，以建武军使易文赟为刺史。二月，甲寅，文赟举城降。

戊午，帝发楚州。丁卯，至扬州，命韩令坤发丁夫万余，筑故城之东南隅为小城以治之。

乙亥，黄州刺史司超奏与控鹤右厢都指挥使王审琦攻唐舒州，擒其刺史施仁望。

丙子，建雄节度使真定杨廷璋奏败北汉兵于隰州城下。时隰州刺史孙议暴卒，廷璋谓都监、闲厩使李谦溥曰：⑨『今大驾南征，泽州无守将，河东必生心。若奏请待报，则孤城危矣！』即牒谦溥权隰州事，谦溥至则修守备。未几，北汉兵果至，诸将请速救之。廷璋曰：『隰州城坚将良，未易克也。』北汉攻城久不下，廷璋度其疲困无备，潜与谦溥约，各募死士百余夜袭其营，北汉兵惊溃，斩首千余级，北汉兵遂解去。

三月，壬午朔，帝如泰州。

丁亥，唐大赦，改元交泰。

唐太弟景遂前后凡十表辞位，且言：『今国危不能扶，请出就藩镇。燕王弘冀嫡长有军功，⑩宜为嗣，谨奉上太弟宝册。』齐王景达亦以败军辞元帅。唐主乃立景遂为晋王，加天策上将军、江南西道兵马元帅、洪州大督都、太尉、尚书令，以景达为浙西道元帅、润州大都督。景达以浙西方用兵，固辞，改抚州大都督。立弘冀为皇太子，参决庶政。弘冀为人猜忌严刻，景遂左右有未出东宫者，立斥逐之。其弟安定公从嘉畏之，不敢预事，专以经籍自娱。

辛卯，上如迎銮镇，⑪屡至江口，遣水军击唐兵，破之。上闻唐战舰数百艘泊东洊布州，⑫将趣海口扼苏、杭路，遣殿前都虞候慕容延钊将步骑，右神武统军宋延渥将水军，循江而下。甲午，延钊奏大破唐兵于东洊布州。上遣李重进将兵趣庐州。

唐主闻上在江上，恐遂南渡，又耻降号称藩，乃遣兵部侍郎陈觉奉表，请传位于太子弘冀，使听命于中国。时淮南惟庐、舒、蕲、黄未下。丙申，觉至迎銮，见周兵之盛，白上，请遣人度江取表，献四州之地，画江为境，以求息兵，辞指甚哀。上曰：『朕本兴师止取江北，今尔主能举国内附，朕复何求！』觉拜谢而退。丁酉，觉请遣其属阁门承旨刘承遇如金陵，⑬上赐唐主书，称『皇帝恭问江南国主』，慰纳之。

戊戌，吴越奏遣上直都指挥使、处州刺史邵可迁、秀州刺史路彦铢以战舰四百艘、士卒万七千人屯通州南岸。

唐主复遣刘承遇奉表称唐国主，请献江北四州，岁输贡物数十万。于是江北悉平，得州十四，⑭县六十。

庚子，上赐唐主书，谕以：『缘江诸军及两浙、湖南、荆南兵并当罢归，其庐、蕲、黄三道，亦令敛兵近外。俟彼将士及家属皆就道，可遣人召将校以城邑付之。江中舟舰有须往来者，并令就北岸引之。』辛丑，陈觉辞行，又赐唐主书，谕以不必传位于子。

壬寅，上自迎銮复如扬州。

癸卯，诏吴越、荆南军又归本道；赐钱弘俶犒军帛三万匹，高保融一万匹。

甲辰，置保信军于庐州，以右龙武统军赵匡赞为节度使。

丙午，唐主遣冯延已献银、绢、钱、茶、谷共百万以犒军。

己酉，命宋延渥将水军三千溯江巡警。

庚戌，敕故淮南节度使杨行密、故升府节度使徐温等墓并量给守户。⑮其江南群臣墓在江北者，亦委长吏以时检校。

辛亥，唐主遣其临汝公徐辽代已来上寿。

是月，浚汴口，导河流达于淮，于是江、淮舟楫始通。

【注释】

①匡国军：方镇名。今陕西大荔县。②北神堰：在今江苏淮安市北，即右邗沟入淮处。③鹳水：河名。今江苏淮安县西北。④静海军：方镇名。今江苏南通市，后改为通州。⑤右补阙：官名。掌供奉讽谏、扈从及举荐之事。⑥李昊（公元891～965年）：后蜀大臣。字穹佐，祖籍无锡，父辈移家今陕西乾县。前蜀时历官翰林学士。后蜀孟昶时，官至左仆射。他前后仕蜀五十年，掌政、财大权，妓妾无数，奢侈尤甚。⑦维州：今四川理县东北。⑧果州：今四川南充市北。⑨闲厩使：官名。掌舆辇牛马之事。⑩军功：指任用柴克宏打败吴越兵，解常州之围。⑪迎銮镇：今江苏仪征县真州镇。⑫东沛州：地名。今江苏启东县北吕泗镇一带。⑬阁门承旨：官名。五代时于东西上阁门承传旨意之官。⑭得州十四：十四州指光州、寿州、庐州、舒州、蕲州、黄州、滁州、和州、濠州、泗州、楚州、扬州、泰州、通州等十四个州。⑮升府：即金陵。金陵是唐代之升州，故称升府。

夏，四月，乙卯，帝自扬州北还。

新作太庙成。庚申，神主入庙。

辛酉夜，钱唐城南火，延及内城，官府庐舍几尽。壬戌旦，火将及镇国仓。吴越王弘俶久疾，自强出救火。火止，谓左右曰：『吾疾因灾而愈。』众心稍安。

帝之南征也，契丹乘虚入寇。壬申，帝至大梁，命镇宁节度使张永德将兵备御北边。

五月，辛巳朔，日有食之。

诏赏劳南征士卒及淮南新附之民。

辛卯，以太祖皇帝领忠武节度使，徙安审琦为平卢节度使。

成德节度使郭崇攻契丹束城，[1]拔之，以报其入寇也。

唐主避周讳，[2]更名景，下令去帝号，称国主，凡天子仪制皆有降损，去年号，用周正朔，仍告于太庙。左仆射、同平章事冯延己罢为太子太傅，门下侍郎、同平章事严续罢为少傅，枢密使、兵部侍郎陈觉罢守本官。

初，冯延己以取中原之策说唐主，由是有宠。延己尝笑烈祖戢兵为龌龊，[3]曰：『安陆所丧才数千兵，为之辍食咨嗟者旬日，此田舍翁识量耳，安足与成大事！岂如今上暴师数万于外，而击球宴乐无异平日，真英主也！』延己与其党谈论，常以天下为己任，更相唱和。翰林学士常梦锡屡言延己等浮诞，不可信，唐主不听。梦锡曰：『奸言似忠，陛下不悟，国必亡矣！』及臣服于周，延己之党相与言，有谓周为大朝者，梦锡大笑曰：『诸公常欲致君尧、舜，何意今日自为小朝邪！』众默然。

自唐主内附，帝止因其使者赐书，未尝遣使至其国。己酉，始命太仆卿冯延鲁、卫尉少卿钟谟使于唐，赐以御衣、玉带等及犒军帛十万，并今年《钦天历》。

刘承遇之还自金陵也，唐主使陈觉白帝，以江南无卤田，愿得海陵盐监南属以赡军。[4]帝曰：『海陵在江北，难以交居，当别有处分。』至是，诏岁支盐三十万斛以给江南，所俘获江南士卒，稍稍归之。

六月，壬子，昭义节度使李筠奏击北汉石会关，拔其六寨。乙卯，晋州奏都监李谦溥击北汉，破孝义。

高保融遣使劝蜀主称藩于周，蜀主报以前岁遣胡立致书于周而不答。

秋，七月，丙戌，初行《大周刑统》。

帝欲均田租，丁亥，以元稹《均田图》遍赐诸道。

闰月，唐清源节度使兼中书令留从效遣牙将蔡仲赟衣商人服，以绢表置革带中，间道来称藩。唐江西元帅晋王景遂之赴洪州也，以时方用兵，启求大臣以自副，唐主以枢密副使、工部侍郎李征古为镇南节度副使。征古傲很专恣，景遂虽宽厚，久而不能堪，常欲斩征古，自拘于有司，左右谏而止，景遂忽忽不乐。

太子弘冀在东宫多不法，唐主怒，尝以球杖击之曰：『吾当复召景遂。』昭庆宫使袁从范从景遂为洪州都押牙，或谮从范之子于景遂，景遂欲杀之，从范由是怨望。弘冀闻之，密遣从范毒之。八月，庚辰，景遂击球渴甚，从范进浆，⑤景遂饮之而卒。未殡，体已溃。唐主不之知，赠皇太弟，谥曰文成。

辛巳，南汉中宗殂，⑥长子卫王继兴即帝位，更名鋹，改元大宝。鋹年十六，国事皆决于宦官玉清宫使龚澄枢及女侍中卢琼仙等，⑦台省官备位而已。

甲申，唐始置进奏院于大梁。

壬辰，命西上阁门使灵寿曹彬使于吴越，赐吴越王弘俶骑军钢甲二百，步军甲五千及他兵器。彬事毕亟返，不受馈遗，吴越人以轻舟追与之，至于数四，彬曰：『吾终不受，是窃名也。』尽籍其数，归而献之。帝曰：『曩之奉使者，乞丐无厌，使四方轻朝命，卿能如是，甚善。然彼以遗卿，卿自取之。』彬始拜受，悉以散于亲识，家无留者。

辛丑，冯延鲁、钟谟来自唐，唐主手表谢恩，其略曰：『天地之恩厚矣，父母之恩深矣，子不谢父，人何报天！惟有赤心，可酬大造。』又乞比藩方，赐诏书。又称：『有情事令钟谟上奏，乞令早还。』唐主复令谟白帝，欲传位太子。九月，丁巳，以延鲁为刑部侍郎、谟为给事中。己未，先遣谟还，赐书谕以『未可传位』之意。唐主复遣吏部尚书、知枢密院殷崇义来贺天清节。⑧

帝谋伐蜀，冬，十月，己卯，以户部侍郎高防为西南面水陆制置使，右赞善大夫李玉为判官。甲午，帝归冯延鲁及左监门卫上将军许文稹、右千牛卫上将军边镐、卫尉卿周廷构于唐。唐主以文稹等皆败军之俘，弃不复用。

高保融再遗蜀主书，劝称臣于周，蜀主集将相议之，李昊曰：『从之则君父之辱，违之则周师必至，诸将能拒周乎？』诸将皆曰：『以陛下圣明，江山险固，岂可望风屈服！秣马厉兵，正为今日。臣等请以死卫社稷！』丁酉，蜀主命昊草书，极言拒绝之。

诏左散骑常侍须城艾颖等三十四人分行诸州，均定田租。庚子，诏诸州并乡村，率以百户为团，团置耆长三人。帝留心农事，刻木为耕夫、蚕妇，置之殿庭。命武胜节度使宋延渥以水军巡江。

高保融奏，闻王师将伐蜀，请以水军趣三峡，诏褒之。

【注释】

①束城：县名。今河北河间县东北束城。②避周讳：避后周信祖的讳。③烈祖：指南唐烈祖李昪。④海陵：县名。

今江苏泰州市。⑤浆：古代一种带酸味的饮料，用来代替酒。⑥南汉中宗：即刘晟，初名弘熙，高祖刘子。公元943年，杀兄刘玢，自立为帝，改名晟。在位期间，任用宦官，使用严刑酷法，专事享乐。⑦玉清宫使：南汉刘氏作有离宫以供其游玩，其中有南宫、大明、昌华、甘泉、玩华、秀华、玉清、太微等宫，每宫分别设置宫使统领。⑧天清节：周世宗的生日。

十一月，庚戌，敕窦俨编集《大周通礼》、《大周正乐》。

辛亥，南汉葬文武光明孝皇帝于昭陵，庙号中宗。

乙丑，唐主复遣礼部侍郎钟谟入见。

李玉至长安，或言『蜀归安镇在长安南三百余里，[1]可袭取也。』玉信之，牒永兴节度使王彦超，索兵二百，彦超以为归安道阻隘难取，玉曰：『吾自奉密旨。』彦超不得已与之。玉将以往，十二月，蜀归安镇遏使李承勋据险邀之，斩玉，其众皆没。

乙酉，蜀主以右卫圣步军都指使赵崇韬为北面招讨使，丙戌，以奉銮肃卫都指挥使、武信节度使兼中书令孟贻业为昭武、文州都招讨使，左卫圣马军都指挥使赵思进为东面招讨使，山南西道节度使韩保贞为北面都招讨使，将兵六万，分屯要害以备周。

丙戌，诏凡诸色课户[2]及俸户并勒归州县，[3]其幕职、州县官自今并支俸钱及米麦。

初，唐太傅兼中书令楚公宋齐丘多树朋党，欲以专固朝权，躁进之士争附之，推奖以为国之元老。枢密使陈觉、副使李征古恃齐丘之势，尤骄慢。及许文稹等败于紫金山，觉与齐丘、景达自濠州遁归，国人恟惧。唐主尝叹曰：『吾国家一朝至此！』因泣下。征古曰：『陛下当治兵以扞敌，涕泣何为！岂饮酒过量邪，将乳母不至邪？』唐主色变，而征古举止自若。会司天奏：『天文有变，人主宜避位禳灾。』唐主乃曰：『祸难方殷，吾欲释去万机，栖心冲寂，谁可以托国者？』征古曰：『宋公，造国手也，陛下如厌万机，何不举国授之！』觉曰：『陛下深居禁中，国事皆委宋公，先行后闻，臣等时入侍，谈释、老而已。』唐主心愠，即命中书舍人豫章陈乔草诏行之。乔惶恐请见，曰：『陛下一署此诏，臣不复得见矣！』因极言其不可。唐主笑曰：『尔亦知其非邪？』乃止。由是因晋王出镇，以征古为之副，觉自周还，亦罢近职。

钟谟素与李德明善，以德明之死怨齐丘。及奉使归唐，言于唐主曰：『齐丘乘国之危，遽谋篡窃，陈觉、李征古为之羽翼，理不可容。』陈觉之自周还，矫以帝命谓唐主曰：『闻江南连岁拒命，皆宰相严续之谋，当为我斩之。』唐主知觉素与续有隙，固未之信。钟谟请覆之于周。唐主乃因谟复命，上言：『久拒王师，皆臣愚迷，非续之罪。』帝闻之，大惊曰：『审如此，则续乃忠臣。[4]朕为天下主，岂教人杀忠臣乎！』谟还，以白唐主。

唐主欲诛齐丘等，复遣谟入禀于帝。帝以异国之臣，无所可否。己亥，唐主命知枢密院殷崇义草诏暴齐丘、觉、征古罪恶，听齐丘归九华山旧隐，[5]官爵悉如故；觉责授国子博士，宣州安置；征古削夺官爵，赐自尽；党与皆不问。遣使告于周。

丙午，蜀以峡路巡检制置使高彦俦为招讨使。

平卢节度使、太师、中书令陈王安审琦仆夫安友进与其嬖妾通，妾恐事泄，与友进谋杀审琦，友进不可，妾曰：『不然，我当反告汝。』友进惧而从之。

【注释】

①归安镇：今陕西安康县北。②课户：唐初诸司置公廨本钱，用来贸易收取利息，计官吏多少发给俸禄。后来废除诸司公廨本钱，以天下上户七千人为胥士，收其赋税，计官多少发给俸禄，这些交税的人户就叫课户。③俸户：唐朝薄敛一年的赋税，由一富户主领，每月收取利息给俸，称之为俸户。④审如此，则续乃忠臣：指严续如果能为南唐主出谋划策来抵抗后周，那么他就是忠臣。⑤九华山：安徽青阳县西。

六年 春，正月，癸丑，审琦醉熟寝，妾取审琦所枕剑授友进而杀之，仍尽杀侍婢在帐下者以灭口。后数日，其子守忠始知之，执友进等戮之。

初，有司将立正仗，宿设乐县于殿庭，帝观之，见钟磬有设而不击者，问乐工，皆不能对。乃命窦俨讨论古今，考正雅乐。王朴素音律，帝以乐事询之，朴上疏，以为：『礼以检形，乐以治心；形顺于外，心和于内，然而天下不治者未之有也。是以礼乐修于上，而万国化于下，圣人之教不肃而成，其政不严而治，用此道也。夫乐生于人心而声成于物，物声既成，复能感人之心。

昔者黄帝吹九寸之管，得黄钟正声，[1]半之为清声，倍之为缓声，三分损益之以生十二律。[2]十二律旋相为宫以生七调，[3]为一均。凡十二均，八十四调而大备。遭秦灭学，历代治乐者罕能用之。唐太宗之世，祖孝孙、张文收考正大乐，[4]备八十四调。安、史之乱，器与工什亡八九，至于黄巢，荡尽无遗。时有太常博士殷盈孙，[5]按《考工记》，[6]铸镈钟十二，编钟二百四十。处士萧承训校定石磬，今之在县者是也。虽有钟磬之状，殊无相应之和，其镈钟不问音律，但循环而击，编钟、编磬徒悬而已。丝、竹、匏、土仅有七声，名为黄钟之宫，其存者九曲。考之三曲协律，六曲参涉诸调。盖乐之废缺，无甚于今。

『陛下武功既著，垂意礼乐，以臣尝学律吕，宣示古今乐录，命臣讨论。臣谨如古法，以秬黍定尺，[7]长九寸径三分为黄钟之管，与今黄钟之声相应，因而推之，得十二律。以为众管互吹，用声不便，乃作律准，[8]十有三弦，其长九尺，皆应黄钟之声，以次设柱，[9]为十一律，[10]及黄钟清声，旋用七律以为一均。为均之主者，宫也，征、商、羽、角、变宫、变征次焉。发其均主之声，归于本音之律，迭应不乱，乃成其调，凡八十一调。此法久绝，出臣独见，乞集百官校其得失。』诏从之，百官皆以为然，乃行之。

唐宋齐丘至九华山，唐主命锁其第，穴墙给饮食。齐丘叹曰：『吾昔献谋幽让皇帝族于泰州，宜其及此！』乃缢而死。谥曰丑缪。

初，翰林学士常梦锡知宣政院，参预机政，深疾齐丘之党，数言于唐主曰：『不去此属，国必危亡。』与冯延己、魏岑之徒日有争论。久之，罢宣政院，梦锡郁郁不得志，不复预事，日纵酒成疾而卒。及齐丘死，唐主曰：『常梦锡平生欲杀齐丘，恨不使见之！』赠梦锡左仆射。

【注释】

①黄钟：十二律之一，声音最宏大响亮。正声：合于音律的乐声。②十二律：古乐的十二调。阳律有六：黄钟、太簇、姑洗、蕤宾、夷则、无射；阴律有六：大吕、夹钟、仲吕、林钟、南吕、应钟，共为十二律。③十二律旋相为宫以生七调：依照十二律高下的次序，定宫、商、角、徵、羽、变宫、变徵为七声，是乐律之本。以宫声为主的调式称宫，以其他各声为主的称调。以七声配十二律，就可以得到十二宫（也称十二均），七十二调，共为八十四

宫调。七调，乐律的高低音域，从黄钟到中吕，共为七调。④祖孝孙：隋唐之际乐律学家。隋开皇年间任协律郎，参加修定雅乐。曾奉命向毛爽学习『京房律法』。提请采用三百六十律，未被采纳。入唐为著作郎，历任太常少卿等职。武德七年（公元624年），奉命与秘书监窦琎修定雅乐。武德九年，他的主张得以实现，在宫廷音乐中实践了八十四调理论。张文收：唐初乐律学家。通音律，能作曲，历官协律郎、太子率更令。唐初曾参与定乐律，编制《景云河清歌》。据传著有《新乐书》十二卷。⑤殷盈孙：今河南睢阳人。广明初为成都诸曹参军，僖宗幸蜀，擢为太常博士。回京后制订礼乐制度，恢复七庙。官至大理卿。⑥《考工记》：书名。⑦秬黍：黑黍。⑧律准：用来校定音律的乐器。⑨柱：指乐器上的弦枕木。⑩十一律：指除黄钟外的林钟、太簇、南吕、姑洗、应钟、蕤宾、大吕、夷则、夹钟、无射、仲吕等十一律。

二月，丙子朔，命王朴如河阴按行河堤，立斗门于汴口。壬午，命侍卫都指挥使韩通、宣徽南院使吴廷祚，发徐、宿、宋、单等州丁夫数万浚汴水。甲申，命马军都指挥使韩令坤自大梁城东导汴水入于蔡水，①以通陈、颍之漕，命步军都指挥使袁彦浚五丈渠东过曹、济、梁山泊，以通青、郓之漕，发畿内及滑、亳丁夫数千以供其役。

丁亥，开封府奏田税旧一十万二千余顷，今按行得羡田四万二千余顷，敕减三万八千顷。诸州行田使还，所奏羡田，减之仿此。

淮南饥，上命以米贷之。或曰：『民贫，恐不能偿。』上曰：『民吾子也，安有子倒悬而父不为之解哉！安在责其必偿也！』

庚申，枢密使王朴卒。②上临其丧，以玉钺卓地，恸哭数四，不能自止。朴性刚而锐敏，智略过人，上以是惜之。

甲子，诏以北鄙未复，将幸沧州，命义武节度使孙行友打西山路，以宣徽南院使吴廷祚权东京留守、判开封府事，三司使张美权大内都部署。丁卯，命侍卫亲军都虞侯韩通等将水陆军先发。甲戌，上发大梁。

夏，四月，庚寅，韩通奏自沧州治水道入契丹境，栅于乾宁军南，③补坏防，开游口三十六，遂通瀛、莫。

辛卯，上至沧州，即日帅步骑数万发沧州，直趋契丹之境。河北州县非车驾所过，民间皆不之知。壬辰，上至乾宁军，契丹宁州刺史王洪举城降。

乙未，大治水军，分命诸将水陆俱下，以韩通为陆路都部署，太祖皇帝为水路都部署。丁酉，上御龙舟沿流而北，舳舻相连数十里。己亥，至独流口，[4]溯流而西。辛丑，至益津关，[5]契丹守将终廷晖以城降。

自是以西，水路渐隘，不能胜巨舰，乃舍之。壬寅，上登陆而西，宿于野次，侍卫之士不及一旅，[6]从官皆恐惧。胡骑连群出其左右，不敢逼。

癸卯，太祖皇帝先至瓦桥关，契丹守将姚内斌举城降，上入瓦桥关。内斌，平州人也。[7]甲辰，契丹莫州刺史刘楚信举城降。正月，乙巳朔，侍卫亲军都挥使、天平节度使李重进等始引兵继至，契丹瀛州刺史高彦晖举城降。彦晖，蓟州人也。于是关南悉平。[8]

丙午，宴诸将于行宫，议取幽州。诸将以为：『陛下离京四十二日，兵不血刃，取燕南之地，此不世之功也，今虏骑皆聚幽州之北，未宜深入。』上不悦。是日，趣先锋都指挥使刘重进先发，据固安。上自至安阳水，命作桥，会日暮，还宿瓦桥，是日，上不豫而止。契丹主遣使者日驰七百里诣晋阳，命北汉主发兵挠周边，闻上南归，乃罢兵。

戊申，孙行友奏拔易州，擒契丹刺史李在钦，献之，斩于军市。

己酉，以瓦桥关为雄州，割容城、归义二县隶之。[9]以益津关为霸州，割文安、大城二县隶之。发滨、棣丁夫数千城霸州，[10]命韩通董其役。

庚戌，命李重进将兵出土门，[11]击北汉。

辛亥，以侍卫马步都指挥使韩令坤为霸州都部署，义成节度留后陈思让为雄州都部署，各将部兵以戍之。

壬子，上自雄州南还。

己巳，李重进奏败北汉兵于百井，[12]斩首二千余级。

甲戌，帝至大梁。

【注释】

①蔡水：河名。今河南开封市东，流经许通、淮阳、鹿邑和安徽荣城等地，流入淮河。②王朴：后周大臣、天文学家。字文伯，今山东东平人。进士出身。初为柴荣掌书记，柴荣即位后，他进《平边策》，深为柴荣所重。官至枢密使。

③乾宁军：方镇名。今河北青县。④独流口：地名。今天津静海县北。⑤益津关：今河北霸县。⑥一旅：五百人为一旅。⑦平州：今河北卢龙县北。⑧关南：指瓦桥关以南地区。⑨归义：县名。今河北雄县西北。⑩滨：滨州，今山东滨县。⑪土门：地名。今河北获鹿县西南。⑫百井：地名。今山西阳曲县东北柏井村。

六月，乙亥朔，昭义节度使李筠奏击北汉，拔辽州，获其刺史张丕。

丙子，郑州奏河决原武，命宣徽南院使吴延祚发近县二万余夫塞之。

唐清源节度使留从效遣使入贡，请置进奏院于京师，直隶中朝。戊寅，诏报以『江南近服，方务绥怀，卿久奉金陵，[1]未可改图。若置邸上都，与彼抗衡，受而有之，罪在于朕。卿远修职贡，足表忠勤，勉事旧君，且宜如故。如此，则于卿笃始终之义，于朕尽柔远之宜，惟乃通方，谅达予意。』

唐主遣其子纪公从善与钟谟俱入贡，上问谟曰：『江南亦治兵，修守备乎？』对曰：『既臣事大国，不敢复尔。』上曰：『不然，曩时则为仇敌，今日则为一家，吾与汝国大义已定，保无它虞。然人生难期，至于后世，则事不可知。归语汝主：可及吾时完城郭，缮甲兵，据守要害，为子孙计。』谟归，以告唐主。唐主乃城金陵，凡诸州城之不完者葺之，戍兵少者益之。

臣光曰：或问臣：五代帝王，唐庄宗、周世宗皆称英武，二主孰贤？臣应之曰：夫天子所以统治万国，讨其不服，抚其微弱，行其号令，壹其法度，敦明信义，以兼爱兆民者也。庄宗既灭梁，海内震动，湖南马氏遣子希范入贡，[2]庄宗曰：『比闻马氏之业，终为高郁所夺。今有儿如此，郁岂能得之哉？』郁，马氏之良佐也。希范兄希声闻庄宗言，卒矫其父命而杀之，此乃市道商贾之所为，岂帝王之体哉！盖庄宗善战者也，故能以弱晋胜强梁，既得之，曾不数年，外内离叛，置身无所。诚由知用兵之术，不知为天下之道故也。世宗以信令御群臣，以正义责诸国，王环以不降受赏，刘仁赡以坚守蒙褒，严续以尽忠获存，蜀兵以反覆就诛，冯道以失节被弃，张美以私恩见疏。江南未服，则亲犯矢石，期于必克，既服，则爱之如子，推诚尽言，为之远虑。其宏规大度，岂得与庄宗同日语哉！《书》曰：『无偏无党，王道荡荡。』又曰：『大邦畏其力，小邦怀其德。』世宗近之矣！

辛巳，建雄节度使杨廷璋奏出北汉，降堡寨一十三。

癸未，立皇后符氏，宣懿皇后之女弟也。

立皇子宗训为梁王，领左卫上将军，宗让为燕王，领左骁卫上将军。

上欲相枢密使魏仁浦，议者以仁浦不由科第，不可为相。上曰：『自古用文武才略为辅佐，岂尽由科第邪！』己丑，加王溥门下侍郎，与范质皆参知枢密院事。以仁浦为中书侍郎、同平章事，枢密使如故。仁浦虽处权要而能谦谨，上性严急，近职有忤旨者，仁浦多引罪归己以救之，所全活什七八。故虽起刀笔吏，致位宰相，时人不以为忝。又以宣徽南院使吴延祚为左骁卫上将军，充枢密使。加归德节度使、侍卫亲军都虞候韩通、镇宁节度使兼殿前都点检张永德并同平章事，仍以通充侍卫亲军副都指挥使；以太祖皇帝兼殿前都点检。

上尝问大臣可为相者于兵部尚书张昭，昭荐李涛。上愕然曰：『涛轻薄无大臣体，朕问相而卿首荐之，何也？』对曰：『陛下所责者细行也，臣所举者大节也。昔晋高祖之世，张彦泽虐杀不辜，涛累疏请诛之，以为不杀必为国患；汉隐帝之世，涛亦上疏请解先帝兵权。夫国家安危未形而能见之，此真宰相器也，臣是以荐之。』上曰：『卿言甚善且至公，然如涛者，终不可置之中书。』涛喜诙谐，不修边幅，与弟澣俱以文学著名，虽甚友爱，而多谑浪，无长幼体，上以是薄之。

上以翰林学士单父[3]王著[4]幕府旧僚，屡欲相之，以其嗜酒无检而罢。

癸巳，大渐，召范质等入受顾命。上曰：『王著藩邸故人，朕若不起，当相之。』质等出，相谓曰：『著终日游醉乡，岂堪为相！慎毋泄此言。』是日，上殂。

上在藩，多务韬晦，及即位，破高平之寇，人始服其英武。其御军，号令严明，人莫敢犯，攻城对敌，矢石落其左右，人皆失色，而上略不动容。应机决策，出人意表。又勤于为治，百司簿籍，过目无所忘。发奸擿伏，聪察如神。闲暇则召儒者读前史，商榷大义。性不好丝竹珍玩之物，常言太祖养成王峻、王殷之恶，致君臣之分不终，故群臣有过则面质责之，服则赦之，有功则厚赏之。文武参用，各尽其能，人无不畏其明而怀其惠，故能破敌广地，所向无前。然用法太严，群臣职事小有不举，往往置之极刑，虽素有才干声名，无所开宥，寻亦悔之，末年浸宽。登遐之日，远迩哀慕焉。

甲午，宣遗诏，命梁王宗训即皇帝位，生七年矣。

秋，七月，壬戌，以侍卫亲军都指挥使李重进领淮南节度使，副都指挥使韩通领天平节度使，太祖皇帝领归德节度使。以山南东道节度使、同平章事向拱为西京留守。庚申，加拱兼侍中。拱，即向训也，避恭帝名改焉。

丙寅，大赦。

唐主以金陵去周境才隔一水，洪州[5]险固居上游，集群臣议徙都之。群臣多不欲徙，惟枢密副使、给事中唐镐劝之，乃命经营豫章为都城之制。[6]

唐自淮上用兵及割江北，臣事于周，岁时贡献，府藏空竭，钱益少，物价腾贵。礼部侍郎钟谟请铸大钱，一当五十。中书舍人韩熙载请铸铁钱。唐主始皆不从，谟陈请不已，乃从之。是月，始铸当十大钱，文曰『永通泉货』，又铸当二钱，文曰『唐国通宝』，与开元钱并行。[7]

八月，戊子，蜀主以李昊领武信节度使，右补阙李起上言：『故事，宰相无领方镇者。』蜀主曰：『昊家多冗费，以厚禄优之耳。』起，邛州人，[8]性婞直，李昊尝语之曰：『以子之才，苟能慎默，当为翰林学士。』起曰：『俟无舌，乃不言耳。』

庚寅，立皇弟宗让为曹王，更名熙让；熙谨为纪王，熙诲为蕲王。

九月，丙午，唐太子弘冀卒，有司引浙西之功，[9]谥曰武宣。句容尉全椒张洎上言：『太子之德，主于孝敬，今谥以武功，非所以防微而慎德也。』乃更谥曰文献，擢洎为上元尉。[10]

唐礼部侍郎、知尚书省事钟谟数奉使入周，传世宗命于唐主，世宗及唐主皆厚待之，恃此骄横于其国，三省之事皆预焉。

文献太子总朝政，谟求兼东宫官不得，乃荐其所善阎式为司议郎，[11]掌百司关启。李德明之死也，唐镐预其谋，谟闻镐受贿，尝面诘之，镐甚惧。谟与天威都虞候张峦善，数于弘第屏人语至夜分，镐谮诸唐主曰：『谟与峦气类不同，而过相亲狎，谟屡使上国，峦北人，恐其有异谋。』又言：『永通大钱民多盗铸，犯法者众。』及文献太子卒，唐主欲方其母弟郑王从嘉，谟尝与纪公从善同奉使于周，相厚善，言于唐主曰：『从嘉德轻志懦，又酷信释氏，非人主才。从善果敢凝重，宜为嗣。』唐主由是怒。寻徙从嘉为吴王、尚书令、知政事，居东宫。冬，十月，谟请令张峦以所部兵巡徼都城。唐主乃下诏暴谟侵官之罪，贬国子司业，[12]流饶州，贬张峦为宣州副使，未几，皆杀之。

废永通钱。

【注释】 ①卿久奉金陵：后晋开运二年（公元946年），留从效以泉州归附南唐，到这时已经有十几年了。②『庄宗既灭梁』句：后唐庄宗灭掉后梁，湖南马氏遣子入贡，均在同光元年（公元923年）。③单父：县名。今山东单县南。④王著：字成象，后汉进士。性格豁达无城府。后周世宗时拜官度支员外郎。北宋初加官中书舍人。因饮酒过度被黜为比部员外郎。他幼能属文，有俊才，善与人交。⑤洪州：今江西南昌市。⑥豫章：县名。今江西南昌市。⑦开元钱：唐武德初所铸的钱。⑧邛州：今四川琜县。⑨浙西之功：指李弘冀派遣柴克让在常州打败吴越兵的事。⑩上元：县名。今江苏南京市。⑪司议郎：官名。掌侍从规谏、驳正启奏，并录东宫记注，分判场事。⑫国子司业：官名。国子监副长官，佐祭酒掌儒学训导之政。

十一月，壬寅朔，葬睿武孝文皇帝于庆陵，①庙号世宗。

南汉主以中书舍人钟允章，藩府旧僚，擢为尚书右丞、参政事，甚委任之。允章请诛乱法者数人以正纲纪，南汉主不能从，宦官闻而恶之。南汉主将祀圜丘，前三日，允章帅礼官登坛，四顾指挥设神位，内侍监许彦真望之曰：②『此谋反也！』即带剑登坛，允章叱之。彦真驰入宫，告允章欲于郊祀日作乱。南汉主曰：『朕待允章厚，岂有此邪！』玉清宫使龚澄枢、内侍监李托等共证之，以彦真言为然，乃收允章，系含章楼下，命宦者与礼部尚书薛用丕杂治之。用丕素与允章善，告以必不免，允章执用丕手泣曰：『老夫今日犹机上肉耳，分为仇人所烹。但恨邕、昌幼，不知吾冤，及其长也，公为我语之。』彦真闻之，骂曰：『反贼欲使其子报仇邪！』复白南汉主曰：『允章与二子共登坛，潜有所祷。』俱斩之。自是宦官益横。李托，封州人也。③

辛亥，南汉主祀圜丘，大赦。未几，以龚澄枢为左龙虎观军容使、内太师，军国之事皆取决焉。凡群臣有才能及进士状头或僧道可与谈者，皆先下蚕室，④然后得进，亦有自宫以求进者，亦有免死而宫者，由是宦者近二万人。贵显用事之人，大抵皆宦者也，谓士人为门外人，不得预事，卒以此亡国。

唐更命洪州曰南昌府，建南都，以武清节度使何敬洙为南都留守，以兵部尚书陈继善为南昌尹。

周人之攻秦、凤也，蜀中恟惧。都官郎中徐及甫自负才略，⑤仕不得志，阴结党与，谋奉前蜀高祖之孙少府少监王令仪为主以作乱，⑥会周兵退而止。至是，其党有告者，收捕之，及甫自杀。十二月，甲午，赐令仪死。

端明殿学士、兵部侍郎窦仪使于唐，天雨雪，唐主欲受诏于庑下。仪曰：『使者奉诏而来，不敢失旧礼。若雪沾服，请俟它日。』唐主乃拜诏于庭。

契丹主遣其舅使于唐，泰州团练使荆罕儒募刺客使杀之。唐人夜宴契丹使者于清风驿，酒酣，起更衣。久不返，视之，失其首矣。自是契丹与唐绝。罕儒，冀州人也。

【注释】①庆陵：今河南郑州市。②内侍监：官名。为内侍省长官。③封州：今广东封开县东南封川镇。④状头：进士第一人，称为状头，就是状元。蚕室：宫刑者所居之室。⑤都官郎中：官名。掌全国官府奴婢配役之政。⑥少府少监：官史。掌百工技巧之事。